D1751436

Gabriel Rolón · Auf der Couch

Gabriel Rolón

Auf der Couch

Wahre Geschichten aus
der Psychotherapie

*Aus dem Spanischen
von Peter Kultzen*

btb

Vorwort

Jedes Mal wenn in meiner Praxis das Telefon klingelt, weiß ich, dass am anderen Ende der Leitung jemand ist, der mich um Hilfe bitten möchte. Und genau darin finde ich meine Aufgabe als Analytiker – diese Menschen dabei zu unterstützen, die Angst, den Schmerz und die Ohnmacht zu überwinden, das Leiden hinter sich zu lassen.

Jeder Patient – anders gesagt: jeder Leidende –, der zu mir kommt, ruft mich dazu auf, mich gemeinsam mit ihm auf eine Herausforderung einzulassen. Diese Herausforderung besteht darin, ihn auf einem gefährlichen Weg mit ungewissem Ausgang zu begleiten. Zu den verborgensten Stellen seiner Seele. Was man dort finden wird? Ich weiß es nicht. Jeder Mensch ist einzigartig. Seine Geschichte, seine Wünsche, seine Ängste und Sehnsüchte machen ihn zu einem unverwechselbaren Wesen, das eine geheime Wahrheit in sich trägt – bei deren Enthüllung ich ihm helfen soll.

Die Gefühle, denen wir auf den folgenden Seiten begegnen, sind so stark, dass sie die Menschen, die ihnen ausgesetzt sind, aus dem Gleichgewicht werfen: Die Verlustangst und Unsicherheit, die eine Frau überkommen, die sich mit vierzig Jahren gezwungen sieht, ihr ganzes Leben neu zu ordnen. Die Verwirrung eines Mannes, der sich zwischen zwei Frauen hin und her gerissen fühlt und nicht weiß, ob er sich für die Liebe oder für die Leidenschaft entscheiden soll. Die Trauer einer älteren Frau über den Verlust ihres Ehemanns, der es nicht gelingt, mit diesem Verlust fertigzuwerden und die Trauer zu überwinden. Die Angst einer jungen lesbischen Frau vor Zurückweisung, die sich gezwungen sieht, ihr wirkliches Wesen zu verleugnen und das zu verschweigen, was alle wissen. Die Kraft einer Jugendlichen, die den Kampf mit einer unheilbaren Krankheit aufnimmt, indem sie sich entschließt, trotz allem auf das Leben zu setzen. Die unbeherrschbare Eifersucht – deren wirkliche Ursache eine schmerzhafte Kindheitserfahrung ist – eines intelligenten und gebildeten jungen Mannes, die es ihm unmöglich macht, eine gesunde Liebesbeziehung zu seiner Partnerin zu führen. Die sexuellen Schwierigkeiten einer jungen Frau, hinter denen sich ein tragisches Erlebnis aus der Zeit ihrer Pubertät verbirgt. Und Schuldgefühle – wie sie uns alle wohl immer wieder belasten –, die es einem Mann unmöglich machen, ganz in seiner Berufung aufzugehen.

Es geht dabei um Eifersucht, Trauer, Schuld, Liebe, Leidenschaft und Angst. Leben und Tod. Vor allem aber um den Wunsch, gegen diese Lasten anzukämpfen, und den Mut, sich auf die Suche nach der Wahrheit zu machen, um dem Leiden ein Ende zu setzen.

Denn genau das ist ein Patient: ein Mensch, der leidet und gleichzeitig entschlossen ist, dieses Leiden zu bekämpfen. Und der irgendwann merkt, dass er das alleine nicht schaffen kann. Woraufhin er mit all seinen Zweifeln und Ängsten, aber auch voller Vertrauen meine Praxis aufsucht. Voller Vertrauen, dass ich ihm helfen kann, die schwierige Zeit, die er erlebt, zu überwinden. Deshalb erzählt er mir seine Geschichte, breitet sein Leben vor mir aus, zeigt mir, wofür er sich schämt – in der Hoffnung, dass ich aus dem, was er mir anvertraut, das Bestmögliche mache.

Wer sich psychologisch behandeln lassen möchte, kann zwischen einer Vielzahl therapeutischer Möglichkeiten auswählen – die Psychoanalyse ist nur eine dieser Möglichkeiten. Wer sich für die psychoanalytische Methode entscheidet, sollte aber wissen, dass er sich damit in eine durchaus verwirrende Welt voller Überraschungen begibt. Eine Welt, die einem zunächst geradezu absurd vorkommen kann, eine Welt, in der scheinbar unbedeutende Dinge manchmal ungeheuer wichtig werden: Ein Witz, ein Traum, eine auf den ersten Blick bloß versponnene Idee, ein falsch ausgesprochenes Wort, Vergessenes und Übersehenes, all das, was wir im täglichen Leben einfach beiseite schieben würden, erlangt im Reich der Psychoanalyse unversehens größte Bedeutung. Denn alle diese Dinge stellen potentielle Türen dar, durch die uns der Zutritt zu einer »anderen Welt« ermöglicht wird, die jeder Patient in sich trägt, auch wenn er in den meisten Fällen keine Ahnung davon hat. Jeder Analysand trägt ein geheimes Zeichen in sich, das sich heftig dagegen wehrt, aus seinem Versteck geholt und ins Licht gehalten zu werden. Meine Aufgabe ist es, dabei zu helfen, dieses Zeichen zu entschlüsseln. Dafür stehen mir bloß drei Werkzeuge zur Verfügung: der Patient selbst, ich, sein Analytiker, und das Wort.

Viele kennen wahrscheinlich die Geschichte von Orpheus und Eurydike: Dem griechischen Mythos nach starb Eurydike an den Folgen eines Schlangenbisses und musste daraufhin in den Hades, die Unterwelt der Griechen, hinabsteigen. Ihr Gatte Orpheus liebte sie so sehr, dass er beschloss, sie von dort zurückzuholen. Helfen konnte er sich dabei nur mit seiner Stimme und seinem Instrument, einer Leier. Er galt seiner Zeit als der beste aller Musiker, die wilden Tiere wurden beim Klang seiner Stimme zahm, und die Heere stellten das Kämpfen ein, um seinen kunstvollen Darbietungen zu lauschen. Nachdem er viele Widerstände überwunden hatte, gelangte Orpheus schließlich bis hinab vor Hades und Proserpina, das königliche Herrscherpaar des Totenreichs. Er bereitete ihnen mit seiner Musik so viel Frieden und Freude, dass die beiden ihm schließlich seine Bitte erfüllten und Eurydike erlaubten, die Unterwelt wieder zu verlassen. Doch alles hat seinen Preis, und so wurde den Liebenden eine Bedingung auferlegt: Orpheus sollte seiner Frau vorausgehen und sich vor Erreichen der Welt der Lebenden nicht nach Eurydike umsehen, unter keiner Bedingung. Die beiden nahmen die königliche Vorgabe an und machten sich auf den Weg. Lange Zeit gingen sie so dahin. Als jedoch bereits in der Ferne die ersten Sonnenstrahlen zu sehen waren, stolperte Eurydike, die hinter ihrem geliebten Gatten herging, woraufhin Orpheus sich erschrocken umwandte, um zu sehen, was geschehen war. Und die Gestalt seiner Frau löste sich vor seinen Augen auf. Orpheus wusste, dass er sie endgültig verloren hatte. Eine Geschichte mit einem traurigen Ende, wie alle griechischen Mythen. Stets enthalten sie eine Vorgabe, die erfüllt werden muss. Und jedes Mal nimmt das Schicksal nach einem Verstoß dagegen unausweichlich seinen tragischen Lauf.

Diese Geschichte, so scheint mir, veranschaulicht gleichnishaft, auf welchen Kampf jeder Patient sich einlassen muss: Auf einen Kampf gegen seine Ängste, Überzeugungen und Vorurteile, um bis in die tiefsten Abgründe des eigenen Inneren vorzudringen, wo andere Regeln gelten, ein ewiges Feuer brennt und wilde Stürme toben. Auch in diesem Fall ist das auslösende Moment, der eigentliche Antrieb, die Liebe. Schließlich ist die Psychoanalyse selbst vor allem eine Liebestat.

Denn was den Analytiker ebenso wie den Analysanden antreibt, ist, wie im Fall von Orpheus, ein tiefes und starkes Gefühl. Nur handelt es sich hierbei, anders als im Mythos, nicht um die Liebe zu einer Frau, sondern um die Liebe zur *Wahrheit*. Zur einzigartigen persönlichen Wahrheit, die jeder Patient mitbringt und die in ihm wohnt, ohne dass er sie jemals formulieren könnte, es sei denn in der Verkleidung eines Traums, eines Witzes oder eines Versprechers. Eine schwer zu erreichende Wahrheit, die uns Analytikern den Einsatz sämtlicher Hilfsmittel abverlangt, die wir uns im Rahmen unserer Ausbildung angeeignet haben, auch im Verlauf der Analyse, der wir uns selbst haben unterziehen müssen. So wie Vergil in der *Göttlichen Komödie* für Dante die Rolle des Führers durch die Welt des Jenseits übernimmt, müssen wir unsere Patienten auf ihrem schwierigen Weg begleiten.

An dieser Stelle sollte ich wohl zwei Dinge klarstellen. Erstens: Dieses Buch richtet sich nicht ausschließlich an Psychologen – auch wenn es für diese, wie ich hoffe, von einem gewissen Interesse ist. Es richtet sich an jeden, der empfänglich ist für den menschlichen Schmerz und sich für die Möglichkeit interessiert, diesen Schmerz zu überwinden.

Zweitens: Die hier erzählten Geschichten entstammen allesamt der Wirklichkeit, auch wenn sie, wie Hermann Hesse einmal geschrieben hat, schmecken »nach Unsinn und Verwirrung, nach Wahnsinn und Traum wie das Leben aller Menschen, die sich nicht mehr belügen wollen.« Die Figuren dieser Geschichten sind keine bloßen literarischen Erfindungen. Im Gegenteil, ich habe Woche für Woche in meiner Praxis miterlebt, wie sie mit sich gekämpft, gelacht und geweint haben, wie sie den Mut verloren haben und wütend auf sich und die Welt geworden sind. Um diese Geschichten auf wenigen Buchseiten und in übersichtlicher und nachvollziehbarer Form wiedergeben zu können, musste ich allerdings gelegentlich Dinge, die in Wirklichkeit das Ergebnis monate-, wenn nicht jahrelanger intensiver Arbeit waren, durch einen literarischen Eingriff umgestalten. Trotzdem sollte klar sein, dass alle auf diesen Seiten wiedergegebenen Ereignisse, Gespräche, Träume und Auslegungen im Verlauf der unterschiedlichen Behandlungsprozesse tatsächlich stattgefunden haben.

Dieses Buch enthält Bestandteile und Episoden verschiedener Erkrankungsfälle, die ich behandelte. Ausschnitte aus dem Leben mehrerer Menschen, die den Großmut besaßen, ihr Vertrauen in mich zu setzen und sich während einer äußerst schwierigen Zeit ihres Lebens von mir begleiten zu lassen. In allen dargestellten Fällen wurden die Namen, das Alter und die persönlichen Umstände der Figuren abgeändert, um die Identität und die Privatspähre der tatsächlichen Patienten zu schützen. Die Themen – Eifersucht, Orgasmusschwierigkeiten, Homosexualität, Trauer, Untreue, Schuldgefühle, Missbrauch – sind heutzutage allerdings längst so geläufig und weit verbreitet, dass eine Identifizierung der tatsächlichen Protagonisten dieser Geschichten ohnehin nahezu ausgeschlossen wäre. Davon abgesehen haben die Beteiligten der Veröffentlichung freundlicherweise zugestimmt, nachdem sie jeweils das auf ihrer Krankengeschichte beruhende Kapitel gelesen hatten.

Mein Dank gilt darüber hinaus allen, die im Laufe der vergangenen Jahre meine Praxis aufgesucht haben, weil ich, unabhängig davon, ob die Behandlung letztlich erfolgreich war oder nicht, viel dabei lernen und mich in menschlicher ebenso wie in beruflicher Hinsicht weiterentwickeln konnte.

Weshalb ich Sie, liebe Leser, bitte, zumindest den Versuch zu unternehmen, sich diesen »Geschichten von der Couch« zu öffnen, umso mehr in unseren, für die Psychoanalyse durchaus schwierigen Zeiten, in denen alles dem wachsenden Einfluss der Globalisierung unterworfen ist, der Forderung, alles jederzeit sofort zur Verfügung gestellt zu bekommen, Zeiten, in denen eine Therapie »kurz« und »zielorientiert« zu sein hat, um bloß nicht den festgelegten Erstattungsrahmen der Krankenkassen zu überschreiten,

Zeiten, in denen auch der Schmerz sich den Vorgaben der Marktwirtschaft anpassen soll.

Darüber, ob die Psychoanalyse tatsächlich dem Korpus der traditionellen Wissenschaften zugerechnet werden kann, ist schon viel gesagt und gestritten worden. Was uns Analytiker betrifft, scheint es mir wenig ratsam, sich an dieser Auseinandersetzung zu beteiligen. Ich selbst betrachte die therapeutische Arbeit stattdessen lieber als eigenständige Kunstform. Als die Kunst, Aussagen zu interpretieren, unterschiedliche Bedeutungen herauszuarbeiten, und Menschen zu helfen, Auswege aus ihren Ängsten zu finden.

Abschließend möchte ich betonen, dass dies kein Selbsthilfe- oder Ratgeberbuch ist. Ich bin nämlich weiterhin überzeugt davon, dass die psychoanalytische Praxis beziehungsweise das »Konkubinat« – wie Lacan es genannt hat –, das wir, die Analytiker und Patienten, voller Vertrauen, Hingabe und Leidenschaft im Rahmen dieser Praxis und in gegenseitigem Einverständnis entstehen lassen, eine sinnvolle und zweckmäßige Einrichtung darstellt, die nicht durch einen bloßen Text ersetzt werden kann.

Verlustangst
Lauras Geschichte

»Die Welt hat ihren Zauber verloren.
Man hat dich verlassen.«

Jorge Luis Borges

»Ich weiß, dass ich allein zurechtkomme. Das habe ich schon immer geschafft, warum also nicht auch jetzt?«

»Ich nehme jedenfalls an, dass es eine ziemlich schmerzhafte Erfahrung ist...«

»Ja, vor allem für Pilar. Für sie hat die Vorstellung von Familie immer einen besonders hohen Stellenwert gehabt, und sie hängt sehr an ihrem Papa. Bei einem achtjährigen Mädchen ist das nur normal, nehme ich an. Sergio und ich haben auf jeden Fall beschlossen, dass wir es ruhig angehen lassen, bloß keine Hetze. Wir sind beide intelligente Menschen, das Ganze braucht also wirklich keine traumatische Geschichte zu werden. Darum sage ich ja: Die Einzige, die mir Sorgen macht, ist die Kleine.«

»Und was meinen Sie mit ›es ruhig angehen lassen, bloß keine Hetze‹?«

»Dass wir uns gut verstehen, wir mögen uns, wir respektieren einander... Sergio muss nicht unbedingt jetzt sofort ausziehen. Wir sind beide der Meinung, er soll so lange bleiben, bis er etwas Anständiges gefunden hat, eine Wohnung, die so bequem und so angenehm ist, wie er es verdient, und Platz für Pilar soll dort auch sein, wenn sie ihn besuchen kommt.«

»Ah ja. Und was sagen Sie Ihrer Tochter bis dahin?«

»Ich weiß nicht. Mal sehen.«

»Wo schläft Sergio denn solange?«

Sie sah mich an, als hätte sie mich nicht richtig verstanden.

»Im Bett, wo sonst?«

»Zusammen mit Ihnen?«

»Na klar.«

»Entschuldigen Sie, aber das verstehe ich nicht.«

»Was verstehen Sie nicht?«

»Sie sagen, dass Sie sich trennen wollen, Pilar aber vorerst nichts davon sagen. Und dass er nicht auszieht und weiterhin mit Ihnen zusammen in einem Bett schläft. Was meinen Sie dann mit Trennung?«

»Das sage ich doch: eine intelligente Trennung…«

»Und wer hat sich dieses ›intelligente‹ Trennungsmodell ausgedacht?«

»Ich.«

Ich überlegte einen Augenblick.

»Laura, wenn Sie sich, wie Sie gerade gesagt haben, gut verstehen, sich mögen, respektieren und es Ihnen nichts ausmacht, Bett und Wohnung zu teilen – warum trennen Sie sich dann?«

Schweigen.

»Weil Sergio es so will.«

»Und Sie? Wollen Sie das auch?«

Sie senkte den Blick und sagte nichts. Ich kannte sie gut genug, um zu wissen, dass dieses Schweigen »nein« bedeutete. Das würde sie aber nicht aussprechen – sie konnte sich der Zurückweisung durch ihren Partner nicht stellen. Trotzdem würde sie das irgendwann tun müssen. Und auch wenn ich sie damit einem tiefen Schmerz aussetzen musste, würde mir nichts anderes übrig bleiben, als sie auf die Wahrheit zu stoßen – und sie dabei zu begleiten.

Laura war damals zweiundvierzig, ihre Tochter Pilar acht, und Sergio, ihr Mann, dreiundvierzig. Laura hatte schon einiges im Leben durchgemacht: Als sie noch ziemlich klein gewesen war, hatte ihr Vater die Familie verlassen und wollte danach nie wieder etwas von ihnen wissen. Ihre Mutter, die an Depressionen litt und außerstande war, mit der Situation zurechtzukommen, ließ sich gehen, ohne Rücksicht darauf, was das für ihre beiden Kinder bedeutete, die sechsjährige Laura und ihren vierjährigen Bruder Gustavo.

Während ihrer Kindheit musste Laura auf vieles verzichten, bis sie sich – mit dreizehn – klarmachte, dass sie so nicht weiterleben wollte. Sie suchte sich eine Halbtagsstelle, kümmerte sich selbst darum, dass sie die Sekundarschule besuchen konnte, und versorgte von da an ihren Bruder wie auch die Mutter. Zeit, um sich darüber zu beklagen, was ihr alles entging, oder sich um ihre schwierige Lage zu sorgen, hatte sie nicht: »Ich musste einfach weitermachen, sonst wäre es mit uns total den Bach runtergegangen«, sagte sie jedes Mal, wenn sie an diese Zeit zurückdachte.

So überwand sie all die Herausforderungen, die sich ihr stellten. Mit fünfundzwanzig schloss sie ihr Medizinstudium ab, der Bruder wurde dank ihrer Hilfe Architekt. Sie selbst sagte immer: »Ich komme aus dem Nichts, aber heute bin ich eine sehr erfolgreiche Frau.«

Später heiratete sie Sergio, einen Arzt, den sie während ihrer Arbeit in einem Krankenhaus kennenlernte, und mit vierunddreißig bekam sie ihre einzige Tochter, Pilar. Laura war intelligent, hübsch und nicht so leicht zu erschüttern. Das, was sie erlebt hatte, hatte sie einen Sinn für Humor und Ironie entwickeln lassen, der auch dafür sorgte, dass unsere Sitzungen, selbst wenn es um hochkomplizierte Dinge ging, für uns beide sehr interessant blieben.

Deshalb war ich auch so überrascht, als ich von der Trennung erfuhr: Sie hatte nie etwas davon gesagt, dass es in ihrer Beziehung irgendwelche Probleme gab. Sie selbst war wohl auch überrascht.

»Und, Sie haben das akzeptiert?«

»Natürlich. Sergio ist vielleicht nicht immer der Feinfühligste, aber gewalttätig ist er ganz bestimmt nicht. Wenn ich nicht einverstanden gewesen wäre, hätten wir es auch nicht gemacht.«

»Und warum haben Sie sich dann darauf eingelassen?«

»Na ja, vielleicht bin ich eben ein bisschen ›seltsam‹ und merke es nur selbst nicht. Haben Sie denn nie Lust auf Sex?«

»Doch, aber nicht mit meinen Ex-Freundinnen. Was aber vielleicht auch daran liegt, dass ich mit meinen Ex-Freundinnen normalerweise nicht mehr zusammenlebe, anders als Sie mit Ihrem Ex«, sagte ich so behutsam wie möglich.

»Sie wissen gar nicht, was Sie sich entgehen lassen, das kann nämlich sehr interessant sein...«

Ich musste schmunzeln.

»Laura, jetzt mal im Ernst...«

»Okay. Aber was ist so schlimm daran, wenn ich weiter mit Sergio schlafe?«

»Dass Sie die falschen Schlüsse daraus ziehen.«

»Das kann mir nicht passieren. Mir ist durchaus klar, wie unsere Situation ist.«

»Da bin ich mir, ehrlich gesagt, nicht so sicher.«

»Darf ich fragen, warum?«

»Weil Sie schon vor einem Monat beschlossen haben, sich zu trennen, und bis jetzt ist nichts weiter geschehen. Wie wollen Sie sich an die Vorstellung gewöhnen, dass alles anders ist, wenn sich in Wirklichkeit nichts ändert?«

»Meinen Sie damit, ich soll ihn rausschmeißen?«

»Ich weiß nicht. Aber Sie sollten zumindest weiter über die Sache reden. Wer weiß, vielleicht hat Sergio ja inzwischen seine Meinung geändert, und Sie können sich entspannt zurücklehnen, weil er Sie doch nicht verlassen wird.«

Sie sah mich grinsend an. »Sie sind schrecklich.«

Damit war die Sitzung beendet. Auf dem Weg zur Tür machte Laura noch ein paar Witze, aber ich wusste, dass es in ihrem Inneren brodelte, und war mir sicher, dass sie mit Sergio über die Sache sprechen würde.

»Okay, ich hab ihm gesagt, er soll ausziehen.«

»Ah ja, erzählen Sie doch mal, wie das Gespräch verlaufen ist.«

»Als wir am vorletzten Abend ins Bett gegangen sind, habe ich ihn gefragt, ob er immer noch vorhat, sich von mir zu trennen. Er hat lange um den heißen Brei herum geredet, aber zuletzt hat er gesagt, ja, er will das immer noch. Da habe ich gesagt, dass wir das dann aber auch wirklich machen sollten.«

»Und wie fühlen Sie sich jetzt?«

»Ich mache mir Sorgen, schließlich habe ich mich immer um alles gekümmert. Wie soll Sergio es da überhaupt schaffen, eine eigene Wohnung zu finden, abgesehen davon, dass er...«

»Stopp, Laura. Sergio ist erwachsen. Außerdem schmeißen Sie ihn nicht raus – er ist derjenige, der ausziehen will, da dürfen Sie sich nichts vormachen.«

»Müssen Sie es unbedingt so ausdrücken?«

»Ja, weil das die Wahrheit ist, und man muss die Dinge so sehen, wie sie sind, finden Sie nicht? Deshalb sollten wir auch als Nächstes eine Sache klarstellen.«

»Und zwar?«

»Sie haben ihn gefragt, ob er immer noch vorhat, sich von Ihnen zu trennen, stimmt's?«

»Ja.«

»Na gut, die Frage war so jedenfalls nicht ganz richtig formuliert, er hat nämlich nicht nur ›vor‹, sich von Ihnen zu trennen, sondern er ›will‹ sich von Ihnen trennen. Und dass er die Beziehung mit Ihnen beenden möchte, hat einen bestimmten Grund.«

»Dass er mich nicht mehr begehrt.«

»Ja.«

Schweigen.

»Das tut weh.«

»Das kann ich mir vorstellen.«

»Ich verstehe nicht, warum das so ist. Was habe ich falsch

gemacht? Ich habe ihn immer unterstützt, ich habe mich für seine Arbeit interessiert, ich war immer an seiner Seite, und als Frau bin ich auch unabhängig und wirklich nicht übermäßig anspruchsvoll, ich nerve so leicht niemanden, und ich bin eine gute Mutter... Ich hab mir nicht mal die Freiheit genommen, mich gehen zu lassen und dick zu werden«, sagte sie und lachte.

»Laura, Sie werden wahrscheinlich keine Antwort auf Ihre Frage finden, weil Sie in *Ihnen* danach suchen. Ich glaube aber, die Antwort hat nicht zwangsläufig damit zu tun, dass *Sie* irgendetwas falsch gemacht haben. Mir scheint, sie hat mehr mit Sachen zu tun, die sich in *Sergios* Innerem abspielen.«

»Und was soll ich dann machen? Soll ich ihn fragen, warum er sich so entschieden hat?«

»Würde es etwas bringen?«

Sie dachte nach.

»Ich weiß nicht. Ich glaube nicht. Über Leute, die Dinge erklärt haben wollen, die offensichtlich sind, habe ich mich selbst schon immer lustig gemacht. Und ich glaube, genau der Fall liegt hier vor. Er liebt mich also nicht mehr? Na gut, dann soll er gehen. Ich habe mir mein Leben allein aufgebaut, als er noch nicht an meiner Seite war, und das werde ich auch weiterhin tun.« Nun ging Laura in Verteidigungsstellung, stellte alles in Frage, wurde geradezu hochmütig: »Soll er selbst sehen, wie er zurechtkommt, ohne mich. Wer in unserer Familie wirklich das Geld verdient, das bin nämlich ich. Aber was soll's, das ist schließlich nicht mehr mein Problem, stimmt's?«

»Laura, jetzt kommt es mir so vor, als wären Sie sauer. Aber eigentlich sind Sie gar nicht sauer, oder?«

»Ach so?«

»Nein, ich habe den Eindruck, Sie verteidigen sich jetzt so, wie Kinder das machen.«

»Und zwar?«

»Haben Sie schon mal beobachtet, was Kinder tun, wenn man zu ihnen sagt, sie bekommen eine bestimmte Sache nicht? Dann sehen sie dich an und sagen: ›Na und? Das wollte ich sowieso nicht haben.‹«

Laura lachte, aber ihr traten dabei Tränen in die Augen.

»Ich weiß, ich bin lächerlich.«

»Nein, Sie sind menschlich. Und uns Menschen tut so etwas weh. Es schmerzt und macht Angst, wenn wir merken, dass wir nicht mehr geliebt und nicht mehr begehrt werden. Aber egal, Sie können noch so sehr tun, als wäre es nicht so – Sie benehmen sich wie ein ganz normaler Mensch. Besser, Sie sehen es ein.«

»Schöner Mist!«, sagte sie und lächelte.

»Und jetzt?«

»Wir haben ausgemacht, dass er am Wochenende auszieht. Aber davor muss ich noch mit der Kleinen sprechen. Es geht ja nicht, dass sie eines Morgens aufwacht, und plötzlich ist kein Papa mehr da.«

»Warum müssen *Sie* mit ihr darüber sprechen?«

»Wer soll es denn sonst machen? Er etwa?«

»Nein, Sie beide, Laura. Wenn Eltern beschließen, sich zu trennen, müssen sie unbedingt beide mit ihrem Kind darüber sprechen, das Kind muss es von beiden hören.«

»Klar, dann setze ich mich also vor die Kleine und sage: ›Pilar, der Mann da, der bis jetzt dein Vater war, hat beschlossen, dass er uns verlässt. Wir wollten dir deshalb sagen, dass er nicht mehr bei uns wohnen wird.‹ Finden Sie das gut so?«

»So ist es schrecklich.«

»Aber das ist die Wahrheit.« In diesem Augenblick konnte sie nicht klar denken.

»Nein, das ist nicht die Wahrheit.«

»Wieso nicht?«

»Erstens: Sergio hat nicht beschlossen, dass er von Ihnen beiden weggeht, sondern nur von Ihnen.« Sie sah mich wortlos an. »Zweitens: Er war nicht bis jetzt ihr Vater. Er ist ihr Vater und er wird es auch weiterhin sein. Oder haben Sie Angst, er macht mit Pilar das gleiche wie Ihr Vater mit Ihnen?« Stille. Tränen traten ihr in die Augen.

»Das war ein Schlag unter die Gürtellinie.«

»Das war eine Frage. Können Sie mir darauf antworten?«

»Nein, davor habe ich keine Angst, das würde Sergio nicht machen.«

»Gut, dann müssen Sie akzeptieren, dass Ihre Tochter einen besseren Vater hat als Sie, und Sie dürfen Ihre eigenen Verluste von früher nicht mit denen von Pilar vermischen.« Ich machte eine kurze Pause und sagte dann: »Laura, wollen Sie, dass die Kleine gut damit fertig wird?«

»Natürlich.«

»Dann überlegen Sie sich, was für sie das Beste ist. Das wird auch für Sie selbst das Beste sein, oder nicht?«

»Ja. Denn wenn ich sehe, dass es ihr schlecht geht, muss ich, glaube ich, sterben.«

»Schlecht wird es ihr auf jeden Fall gehen. Oder meinen Sie, es tut ihr nicht weh, dass ihr Vater auszieht? Nein, Laura, machen Sie sich da nichts vor. Bilden Sie sich nicht ein, Pilar könnte das einfach so wegstecken. Auch ihr wird es wehtun, und Sie sollten ihr dabei zur Seite stehen, so gut Sie können.«

»Und wie soll das gehen?«

»Wie gesagt, Sie sollten sie erkennen lassen, dass das eine Entscheidung ihrer Eltern ist, und dass Sie beide dazu stehen. Machen Sie sich vor ihr keine gegenseitigen Vorwürfe, sonst zwingen Sie sie, für eine Seite Partei zu ergreifen, und das bringt ihre Gefühle bestimmt furchtbar durcheinander. Wenn sie sich für einen von Ihnen entscheiden soll, wird sie sich dafür, was sie dem anderen damit antut, schuldig fühlen.«

»Sergio meint, wir sollten ihr ein bisschen erzählen, wie es uns im Augenblick so geht, und sie fragen, was sie dazu meint, damit sie nicht das Gefühl hat, sie ist von der Entscheidung ausgeschlossen.«

»Sie ist aber von der Entscheidung ausgeschlossen, Laura. Ich spiele hier nicht gern den Besserwisser, aber ich will nicht, dass Sie sich nachher schlecht fühlen, weil Sie jetzt auf eine bestimmte Weise mit dieser Sache umgegangen sind. Deshalb bitte ich Sie um die Erlaubnis, Ihnen einen Rat zu geben, auch wenn das einem Analytiker eigentlich nicht zusteht: Tun Sie's nicht! Wenn sie das Gefühl hat, dass die Entscheidung auch von ihr abhängt, wird sie später dafür bezahlen müssen, weil sie sich dann verantwortlich für das fühlt, was geschehen ist. Und das wäre sehr ungerecht, denn mit ihr hat das alles ja eigentlich nichts zu tun, finden Sie nicht?«

»Stimmt, ich glaube, Sie haben recht.«

»Na also. Aber bereiten Sie sich gut vor, das wird bestimmt nicht einfach.«

»Keine Sorge, für so etwas bin ich Spezialistin.«

An dieser Stelle brachen wir die Sitzung ab, und Laura ging. Traurig, aber nicht mehr ganz so verwirrt.

»Und, haben Sie mit Pilar gesprochen?«

»Ja. Wissen Sie, was sie gesagt hat?«

»Was denn?«

»Wir sollen ihr nicht böse sein, und von jetzt an wäre sie immer brav. Wir konnten es nicht glauben, Sergio und ich. Wir haben sie umarmt und geweint, und wir haben nicht gewusst, was wir sagen sollen.«

»Und was haben Sie ihr schließlich gesagt?«

»Nichts.« Sie sah mich einen Augenblick an. Dann sprach sie weiter: »Ich weiß, Sie mögen das nicht, aber ich brauche das jetzt einfach: Geben Sie mir einen Ratschlag, sagen Sie mir irgendetwas, ich weiß nicht, wie ich damit umgehen soll.«

Laura hatte sich bislang immer unter Kontrolle gehabt, auch wenn es um schwierige Themen ging. Sie war traurig, manchmal vielleicht am Rande ihrer Kräfte, aber sie hatte sich immer im Griff. Jetzt sah ich zum ersten Mal, dass sie nicht weiter wusste. Kein Wunder. Für eine Mutter ist es sehr hart, mitzuerleben, dass ihre Tochter leidet.

»Sprechen Sie mit ihr.«

»Und was soll ich ihr sagen?«

»Die Wahrheit. Dass sie mit der Trennung nichts zu tun hat.«

»Natürlich hat sie nichts damit zu tun.«

»Sie wissen das, ich auch, aber sie nicht.«

»Wieso?«

»Laura, Kinder wissen es ganz genau, wenn sie sich schlecht benommen haben oder wenn sie böse oder gewalttätige Gedanken in Bezug auf ihre Eltern gehabt haben. Das ist ihnen völlig klar. Und wenn dann mit ihrem Vater oder ihrer Mutter oder, wie in diesem Fall, mit beiden etwas ist, geben sie sich die Schuld daran und glauben, das wäre so, weil sie sich insgeheim schlimme Sachen gewünscht haben. Darum ist es so wichtig, dass Sie sie von aller Schuld freisprechen und ihr sagen, dass das Ganze nichts mit ihr zu tun hat, dass das Sachen zwischen Mama und Papa sind, und dass Sie sie weiterhin lieb haben werden. Sie beide. Außerdem sollten Sie versuchen, dass sie es nicht so schwer nimmt, erklären Sie ihr, dass sich zwar vieles ändern wird, aber dass die Trennung nicht bedeutet, dass sie ihre Eltern verliert. Das sollten Sie ihr ganz deutlich sagen, das muss sie unbedingt wissen.«

So machte Laura es. Und zu ihrem Erstaunen verstand Pilar die Situation vollkommen.

Natürlich war die Trennung in den folgenden Sitzungen mit Laura das ausschließliche Thema. Sergio mietete sich eine Wohnung, in der es auch ein Zimmer für seine Tochter gab, das er gemeinsam mit ihr einrichtete. Pilar war rundum zufrieden – zu wissen, dass sie auch in der neuen Wohnung ihren Platz hatte, beruhigte sie sehr. Ja, es schien ihr sogar zu gefallen, dass sie auf einmal zwei Zimmer zur Verfügung hatte. Alle Beteiligten legten bei dem Umgang mit diesem Thema eine große Reife an den Tag, sodass Laura sich schließlich um Pilar keine Sorgen mehr machen musste. Stattdessen zeigten sich im Laufe der folgenden Monate neue Gefühle und Ängste bei Laura, an denen wir arbeiteten.

»Warum nicht, Laura?«

»Warum sollte ich? Ich finde es deprimierend, wenn alle um mich herum feiern und so tun, als würden sie sich wahnsinnig amüsieren. Da nutze ich lieber die Gelegenheit, dass die Kleine bei ihrem Papa ist, leihe mir einen guten Film aus und lass mir eine Pizza ins Haus kommen. Das ist super, da geht mir niemand auf die Nerven. Ist das etwa nicht gut?«

»Ich weiß nicht. Früher, als Sie noch mit Sergio zusammengelebt haben, sind Sie oft zu solchen Feiern gegangen und haben nie etwas Schlechtes darüber gesagt, zumindest nicht zu mir. Oder täusche ich mich?«

»Nein, aber das war etwas anderes.«

»Warum? Bei Partys lassen sich die meisten Leute gerne gehen, und das kann durchaus nervig sein.«

»Genau«, sagte Laura und lachte.

»Also …?«

»Ich weiß nicht … Aber ist es wirklich so schlimm, dass ich keine Lust habe, zu einer Hochzeit zu gehen?«

»Nein, darum geht es nicht. Aber es ist doch so, dass Sie seit der Trennung keine einzige Einladung mehr angenommen haben, oder nicht?«

»Da langweile ich mich.«

»Langweilen Sie sich, oder haben Sie Angst, dass die anderen Sie bemitleiden?«

»Sind Sie verrückt? Mich bemitleiden?« Sie wurde regelrecht wütend. »Falls Sie es nicht wissen sollten: In meinem Beruf bin ich den anderen überlegen. Dafür habe ich mich im Studium so ins Zeug gelegt. Im Krankenhaus arbeite ich für die, die es sich nicht leisten können, in meine Privatpraxis zu kommen. Mein Terminkalender ist so voll, dass ich sogar Ihnen, meinem Psychologen, sagen müsste: Tut mir Leid, ich habe keine Zeit für Sie – und genau das würde ich auch in diesem Augenblick am liebsten zu Ihnen sagen... Ich liebe meinen Beruf und kann sehr gut davon leben. Außerdem habe ich eine wunderschöne Tochter...«

»Und Sie nehmen keine Einladungen an, weil Sie niemanden haben, der Sie begleitet.« Sie starrte mich an. Offensichtlich hätte sie mich in diesem Moment am liebsten erwürgt. »Klar«, sagte ich übertrieben laut und deutlich, »Sie denken, die anderen sagen sich: ›Und neben wen setzen wir Laurita? Ganz einfach: Was hältst du davon, wenn wir sie neben Onkel Humberto platzieren, der hat auch niemanden, der ihn begleitet? Irgendwo am Rand, das ist für die beiden gut genug.‹«

»Okay, das reicht, ich gehe jetzt.« Sie wollte aufstehen.

»Laura, bleiben Sie bitte sitzen.«

»Haben Sie mir noch etwas zu sagen?«

»Ich möchte nur, dass Sie sehen, dass Sie sich immer mehr isolieren. Ich weiß, die gängige Vorstellung in unserer Gesellschaft ist, dass man sein Leben zu zweit organisiert.

Deshalb wird man auch als Einzelner so oft nicht zu Partys oder Veranstaltungen eingeladen. Wenn jemand Sie einlädt, fragt er automatisch: Und mit wem kommst du? Und dann müssen Sie eben sagen, Sie kommen alleine. Das ist im Augenblick Ihre Wirklichkeit. Sie sind allein. Dass Sie an einem Samstagabend zu Haus bleiben und sich einen Film ansehen und dazu Pizza essen, finde ich super, aber das machen Sie jetzt schon seit ziemlich vielen Wochen so. Genauer gesagt, seit Sie sich getrennt haben. Und wissen Sie was? Ich frage mich, ob Sie das tatsächlich so wollen, oder ob Sie sich und den anderen bloß nicht eingestehen können, dass Sie zum zweiten Mal in Ihrem Leben verlassen worden sind.« Stille. »Und jetzt können Sie gehen. Aber überlegen Sie sich auch, auf wen Sie in Wirklichkeit böse sind, ich habe Ihnen nämlich nichts getan.«

Bei der nächsten Sitzung fing Laura an, von ihren Erfahrungen mit Männern zu erzählen.

»Am Ende unserer letzten Sitzung haben Sie gesagt, ich soll überlegen, auf wen ich in Wirklichkeit böse bin. Wissen Sie noch?«

»Ja.«

»Ich habe darüber nachgedacht, und ich glaube, ich habe jetzt eine Antwort darauf.«

»Und die wäre?«

»Ich bin auf alle Männer böse, mit denen ich in meinem Leben näher zu tun hatte.«

»Wie kommt das?«

»Da ist zuerst mal mein Vater. Als er fortging, war ich

sechs. Wissen Sie, wie oft er mich in den darauffolgenden zwanzig Jahren besucht hat? Kein einziges Mal. Er hat sich einen Dreck um mich geschert, um mich und um meinen Bruder und um meine Mutter. Uns hätte weiß Gott was passieren können – er hat in der ganzen Zeit nicht einmal angerufen. Erst mit dreißig habe ich ihn wiedergesehen. Und wissen Sie, warum?«

»Nein.«

»Weil ich nach ihm gesucht habe. Es war kurz vor der Hochzeit mit Sergio. Ich wollte, dass mein Vater dabei ist. Und deshalb habe ich so lange gesucht, bis ich ihn schließlich aufgestöbert hatte. Ich habe ihn angerufen und mich mit ihm verabredet... Sie haben keine Ahnung, wie aufgeregt ich war. Ich wusste nicht einmal mehr, wie er aussieht. Aber als ich ihn dann schließlich gesehen habe, wäre ich am liebsten gestorben.«

»Warum?«

»Weil er total im Arsch war. Er war alt, hatte eine Glatze, war winzig klein und völlig fertig. Das Erste, was ich gedacht habe, war: ›Wieso habe ich wegen diesem Waschlappen so sehr gelitten?‹ Doch dann hat er mir leid getan und ich konnte ihn nicht mehr zusammenstauchen, sondern – was meinen Sie, was ich stattdessen getan habe? Ich habe mich um ihn gekümmert. Gekümmert! Verstehen Sie? Um ihn, dem sein ganzes beschissenes Leben lang egal gewesen war, ob ich etwas zu essen habe oder nicht. Aber in diesem Augenblick konnte ich nicht einmal sauer auf ihn sein.«

»Das stimmt nicht. Sie konnten das bloß nicht ausdrücken, doch jetzt lassen Sie es raus, sehen Sie?«

»Aber lohnt sich das überhaupt?«

»Ich weiß nicht, aber so ist es jedenfalls. Und die Wahrheit lässt sich nicht abstreiten. Im Gegenteil, ich glaube, Sie können erst dann eine richtige Beziehung zu Ihrem Vater aufbauen, wenn Sie Ihren ganzen Ärger rausgelassen haben.«

»Ihm gegenüber? Das kann ich nicht, ich hab Ihnen doch schon gesagt, dass er mir leid tut.«

»Na gut, dann machen Sie es hier, so wie eben. Aber lassen Sie auch wirklich alles raus, hiermit erlaube ich es Ihnen. Nur los, ich höre zu.«

»Etwas anderes bleibt Ihnen ja auch nicht übrig...«

Daraufhin unterhielten wir uns eine Weile über ihre Kindheit, darüber, was sie damals alles durchmachen musste. Es war wirklich eine schlimme Zeit.

»Laura, wissen Sie, was ›Resilienz‹ ist?«

»Ich habe nicht die geringste Ahnung.«

»Der Begriff stammt eigentlich aus der Physik. Er bezieht sich auf die Elastizität mancher Stoffe, die sie dazu befähigt, nach einem Zusammenprall ihre ursprüngliche Form wieder anzunehmen oder sich sogar zu etwas Besserem umzuformen. Einfacher ausgedrückt: die Fähigkeit mancher Dinge, sich unter extremen Bedingungen sogar noch zu verbessern. Die Psychologie hat diesen Begriff übernommen, um die besondere Fähigkeit mancher Menschen zu beschreiben, die sehr schwierige Erfahrungen durchmachen müssen und das nicht nur überstehen, sondern gestärkt, ja als bessere Menschen daraus hervorgehen. Und das beste Beispiel für Resilienz, das ich bisher gesehen habe, sind Sie. Herzlichen Glückwunsch!« Sie sah mich dankbar an. Sie brauchte jetzt nicht nur Anerkennung, sie hatte sie auch wirklich verdient. »Aber Sie haben vorhin gesagt: ›Alle Männer, mit denen ich in meinem Leben näher zu tun hatte.‹ Wen meinen Sie damit noch?«

»Es gibt etwas, was ich Ihnen nie erzählt habe. Mit sechzehn war ich mit einem gewissen Martin zusammen. Er war ein Freund meiner Cousins. Also gut, nachdem wir einundhalb Jahre zusammen waren, wurde ich schwanger.« An diesem Punkt angekommen, merkte ich, wie sehr die Geschichte auf ihr lastete. »Ich bin damals gerade so durchgekommen, mit meinem Bruder und meiner Mutter. Ich war völlig durcheinander, ich wusste wirklich nicht, was ich machen sollte. Ich habe ihn angerufen, wir haben uns getroffen und ich habe ihm erzählt, was los ist.«

»Und?«

»Er hat gesagt, er wäre mit so etwas total überfordert. Ich sollte machen, was ich wollte, aber er würde auf keinen Fall die Verantwortung übernehmen. Außerdem...« Sie unterbrach sich, sprach dann weiter. »Außerdem hat er gesagt, er wüsste ja nicht einmal, ob es von ihm sei. Dass meine Familie von mir abhängig war, wäre ihm schon lange klar, und wenn ich aus der Not heraus etwas Dummes getan hätte, würde er mir deswegen keine Vorwürfe machen. Aber das wäre auf jeden Fall mein Problem, ich solle ihn da bitte raushalten... Der Arsch wollte damit wohl sagen, ich wäre eine Nutte! Ich weiß nicht, wie ich es damals geschafft habe, mich zusammenzureißen, jedenfalls bin ich aufgestanden und gegangen. Ich habe nie mehr mit ihm gesprochen.«

»Und was ist aus der Schwangerschaft geworden?«

Sie sah mich an, holte tief Luft. »Was soll schon daraus geworden sein? Ich hab's abgetrieben. Es hat mir in der Seele wehgetan, ich habe mich wie der letzte Dreck gefühlt, total beschissen, aber den Mut, es zu behalten, hatte ich einfach nicht, das konnte ich nicht.« Sie fing an zu weinen.

Ich versuchte mir vorzustellen, was für eine Hölle sie mit ihren sechzehn Jahren hatte durchmachen müssen. Währenddessen weinte sie über ihre Hilflosigkeit von damals, endlich konnte sie diese traumatische Erfahrung mit jemandem teilen. Ich ließ sie weinen, es hatte fast dreißig Jahre gedauert, bis dieses Weinen hervorbrechen konnte. Jetzt, hier in meiner Praxis, war es so weit. Mit mir als stummem Zeugen.

»Laura«, sagte ich, nachdem mehrere Minuten vergangen waren, »für diesmal ist es genug, finden Sie nicht?«

»Nein, warten Sie, der Letzte in der Reihe fehlt noch.«

»Sergio.«

»Ja. Ich habe gemerkt, dass ich sehr böse auf ihn bin. Ich habe lange gekämpft, um eine Familie zu haben, etwas Festes aufzubauen. Und jetzt sagt er, er will nicht mehr mit mir zusammen sein. Nach all den Jahren und all den Träumen und Anstrengungen schmeißt er mich aus meinem Leben und nimmt mir alles weg.«

»Laura, Sie übertreiben, Sie haben etwas sehr Wichtiges verloren, das stimmt. Aber nicht alles. Es stimmt nicht, dass Sie nichts mehr haben. Sie haben noch eine ganze Menge, oder etwa nicht?«

»Kann sein. Aber auch so fällt es mir wahnsinnig schwer zu akzeptieren, dass er weggegangen ist.«

»Das verstehe ich. Damit ist er noch einer von denen, die Sie verlassen haben.«

»Ja. Der einzige Mann, der mich nicht verlässt, sind Sie – weil ich Sie bezahle.«

Wir lachten. Diese Sitzung war sehr wichtig und warf verschiedene Fragen auf, an denen wir anschließend lange arbeiteten. Lauras Beziehung zu Sergio blieb herzlich und zivilisiert, aber sie tat nicht länger so, als wäre zwischen ihnen alles in Ordnung. Ihm fiel das sicherlich gar nicht so leicht, aber schließlich musste er für seine Entscheidung auch bezahlen.

Ein Jahr nach der Trennung tauchten Ängste auf, die mit Lauras neuen Lebensumständen zu tun hatten.

»Es handelt sich bloß um eine Verabredung mit einem Mann, Laura. Das verpflichtet Sie zu gar nichts. Warum sind Sie so nervös?«

»Ich weiß nicht. Ich glaube, ich habe Angst.«

»Angst wovor?«

»Vor allem. Dass ich nicht weiß, wie ich ihn verführen soll, und dass es schlecht ausgeht, oder dass es gut läuft, und ich dann weitermachen muss. Weil der Typ mit mir ins Bett gehen will.«

»Und wäre das schlecht?«

»Ich weiß nicht. Was meinen Sie?«

»Dass Sie auf diese Möglichkeit vorbereitet sein sollten. Sie sollten mit niemandem ins Bett gehen, wenn Sie es nicht möchten, das brauche ich wohl nicht extra zu sagen. Aber eine Sache sollten Sie bedenken.«

»Und zwar...«

»Laura, unsere Vorstellung von der Liebe bildet sich normalerweise, wenn wir noch jung sind, Teenager. Liebe zwischen Erwachsenen ist etwas anderes.«

»Das verstehe ich nicht.«

»Sehen Sie, wenn man jung ist, verliebt man sich zum ersten Mal in den neuen Nachbarn, oder in einen Klassenkameraden oder in wen auch immer. Es reicht jedenfalls, wenn er einmal auf der Straße an einem vorbeigeht. Ohne ein einziges Wort mit ihm gewechselt zu haben, verlieben wir uns in ihn. Wenn es gut geht, lernen wir ihn schließlich näher kennen, irgendwann wird man ein Paar, und früher oder später wird auch eine sexuelle Beziehung daraus. Doch wenn man sich als Erwachsener mit jemandem verabredet...«

»Okay, ich habe verstanden. Zuerst vögelt man mit jemandem, und mit etwas Glück wird daraus eine Beziehung, und noch viel später, aber nur, wenn man an Wunder glaubt, verliebt man sich, stimmt's?«

»Ja, mehr oder weniger ist das so...«

Sie lachte. Das machte sie oft. Ich glaube, sie hatte es gerade diesem Sinn für Humor zu verdanken, dass sie nie aufgab.

Laura traf sich ein paarmal mit Männern, bis einer von ihnen, Marcelo, sie zu interessieren schien. Sie gingen mehrmals aus, und allmählich schien sich daraus eine Beziehung zu entwickeln.

Doch eines Tages kam sie niedergeschlagen in meine Praxis.

»Was ist mit Ihnen?«, frage ich.

»Das war's, es ist aus.«

»Wovon sprechen Sie?«

»Von Marcelo.«

»Aber es lief doch alles sehr gut, was ist denn passiert?«

»Das, was passieren musste.«

»Sie haben mit ihm geschlafen, und es hat Ihnen nicht gefallen.«

»Noch schlimmer. Ich konnte einfach nicht.«

»Können Sie mir das genauer erklären?«

»Wissen Sie, auch wenn ich immer auftrete wie eine Femme fatale, in Wirklichkeit bin ich ein totaler Angsthase.«

»Hm.«

»Aber bei ihm hatte ich aus irgendeinem Grund Vertrauen. Es wurde immer entspannter. Wenn wir miteinander ausgegangen sind, haben wir viel gelacht und gute Gespräche geführt. Außerdem hat er mich geküsst und dabei hat sich alles Mögliche in mir geregt. Deshalb habe ich bei unserem letzten Treffen schließlich auch ja gesagt und bin mit zu ihm gegangen.«

»Wollten Sie das auch? Hatten Sie Lust dazu?«

»Und wie. Na gut...« Sie machte eine Pause, dann sprach sie weiter: »Er hat eine schöne Wohnung, mit einem herrlichen Blick auf den Río de la Plata. Er hat mich in keinem Augenblick bedrängt oder sich auf mich gestürzt. Er war die ganze Zeit ein richtiger Gentleman. Wir haben etwas getrunken und uns unterhalten. Dann haben wir angefangen, uns zu küssen.«

»Wie haben Sie sich dabei gefühlt?«

»Wie im Himmel. Es war wunderbar.«

»Und dann?«

»Langsam... Sie haben es ja eiliger als er.«

»Na gut, aber jetzt im Ernst.«

»Ja, dann sind wir aufgestanden und wollten in sein Schlafzimmer gehen. Er hatte leise Klaviermusik aufgelegt. Alles war sehr schön. Aber als er angefangen hat, meine Bluse aufzuknöpfen... war auf einmal alles aus und vorbei.«

»Was ist denn passiert?«

»Ich habe Angst bekommen. Auf einmal hatte ich einen Kloß im Hals und wollte nur noch heulen. Und das habe ich dann auch gemacht. Ich konnte es nicht zurückhalten und habe losgeheult, total idiotisch.«

»Was haben Sie dabei gefühlt?«

»Ich hatte Angst, riesige Angst davor, mich vor einem fremden Mann auszuziehen, zuzulassen, dass er mich berührt, dass er mich küsst und ansieht.«

»Was glauben Sie, woran lag das?«

Sie sah mich an. »Gabriel, haben Sie mich schon einmal genau angesehen?« Ich sagte nichts. »Los, sehen Sie mich an und sagen Sie mir, was Sie sehen.«

Laura war eine schöne Frau. Sie hatte einen dunklen Teint, grüne Augen und einen sinnlichen Mund, mit dem sie einen warm anlächelte. Sie war ungefähr einen Meter siebzig groß und hatte eine attraktive Figur.

»Laura, was ich sehe, spielt keine Rolle. Sagen Sie mir, was Sie sehen.«

»Eine über vierzig Jahre alte Frau. So angezogen und zurechtgemacht kann sie vielleicht das eine oder andere kaschieren. Aber die Zeit und das Leben hinterlassen Spuren, die grausam hervortreten, wenn sie nackt ist.«

»Was meinen Sie damit?«

»Ich habe nicht mehr denselben Körper wie damals, als ich Sergio kennengelernt habe.«

»Das nehme ich an, etwas anderes ist auch nicht zu erwarten.«

»Ja, ich weiß. Aber so knackig mein Hintern auch wirken mag – wenn ich mich ausziehe, sieht das ganz anders aus. Und am Bauch sind immer noch Reste der Narben vom Kaiserschnitt, als Pilar geboren wurde. Und meine Brüste sind die Brüste einer Mutter.«

»Und die einer Frau.«

Sie senkte den Kopf.

»Laura, wie oft haben Sie Sergio betrogen?«

»Was? Nie.«

»Das heißt, zum letzten Mal vor einem neuen Mann ausgezogen haben Sie sich vor ...«

»Vor über fünfzehn Jahren.«

»Aber Ihr Körper soll noch genau so sein wie damals. Ich weiß, Sie haben immer sehr viel von sich verlangt. Aber übertreiben Sie diesmal nicht ein wenig? Laura, Sie haben sich Ihr ganzes Leben lang allen möglichen Herausforderungen gestellt. Jetzt stehen Sie wieder vor einer Herausforderung – vor der, die diesem Abschnitt Ihres Lebens entspricht. Jetzt überlegen Sie mal: Was haben Sie gefühlt, als Sie sechs waren und Ihr Vater Sie verlassen hat?«

»Angst.«

»Und als Sie sich mit dreizehn bei dieser Firma um den

ersten Job beworben haben, haben Sie da keine Angst gehabt?«

»Doch.«

»Und als Sie mit sechzehn schwanger waren und wieder allein da standen?«

»Auch.«

»Und jetzt sagen Sie mir: Ist das, was Ihnen jetzt bevorsteht, schwieriger als das, was Sie früher durchstehen mussten?«

»Nein.« Sie lächelte. »Das ist ein Kinderspiel dagegen.«

»Falsch. Für Sie ist es jetzt genauso schwierig. Sie werden genauso viel Angst dabei haben wie in den anderen Situationen. Aber wenn Sie jemand wären, der solchen Konfrontationen aus Angst aus dem Weg geht, wären Sie nicht die, die Sie heute sind. Sie wären frustriert, und über die Jahre hätte sich der Groll in Ihnen angestaut. Aber Sie haben sich nie von der Angst aufhalten lassen. Soll Ihnen das jetzt zum ersten Mal passieren?« Ich machte eine kurze Pause. »Jetzt, wo Sie alt sind?«

Sie fing an, herzhaft zu lachen. Es war auch wichtig, dass sie sich entspannen konnte, glaube ich. Wie auch immer, mit diesen Mitteln arbeiteten wir bei ihrer Analyse: mit Humor, grausamer Offenheit und Ironie.

Laura ließ sich auf eine feste Beziehung mit Marcelo ein, und viele Dinge, auf die sie geglaubt hatte für immer verzichten zu müssen, kehrten in ihr Leben zurück. Man sah ihr an, dass sie glücklich und zufrieden war. Sie strahlte. Ihre Liebesgeschichte mit Marcelo entwickelte sich bestens und schließlich lud er sie auch zum fünfzehnten Geburtstag seiner Nichte ein. Bei dieser Gelegenheit wollte er sie offiziell seiner Familie vorstellen. Während unserer letzten Sitzung vor dem Fest war sie aufgeregt und ängstlich, und es sprudelte nur so aus ihr heraus.

»Ich bin total nervös. Heute habe ich den ganzen Kleiderschrank durchwühlt. Ich habe sämtliche Kleider durchprobiert, aber ich bin mit keinem zufrieden. Ich habe ein wunderschönes rotes Kleid, aber für diese Gelegenheit finde ich es zu kurz. Ein anderes, das ich nehmen könnte, ist schwarz, aber ich weiß nicht... es ist lang und aus Seide, ich glaube, es ist zu formell. Außerdem ist gerade Winter, und ich bin käseweiß, man könnte meinen, ich sei krank. Und dann die Haare... Sehen Sie sich mal diese langen Strähnen an! So kann ich dort nicht erscheinen, am Samstag muss ich unbedingt noch zum Friseur. Und davor kaufe ich mir ein neues Kleid. Lieber etwas Dunkles, das ist seriöser. Andererseits, vielleicht wirkt mein Gesicht dann zu hart, ich bin ja ein dunkler Typ. Ich könnte auch eins nehmen, das noch in meinem Schrank hängt. Es passt wie angegossen, aber das hat Sergio mir mal zum Geburtstag geschenkt, und das wäre bei der Gelegenheit irgendwie komisch, ich weiß nicht, vielleicht fände Marcelo das nicht so gut. Was meinen Sie?«

Ich sah sie an und gab zu erkennen, dass ich nicht allzu viel von dem verstand, worüber sie gerade gesprochen hatte.

»Wissen Sie was?«, sagte ich schließlich, »das mit diesem Fest kommt mir total langweilig vor, ich an Ihrer Stelle würde mir einen guten Film ausleihen, eine Pizza bestellen und zu Hause bleiben, wo mir niemand auf die Nerven geht...«

Sie lachte aus vollem Herzen.

Zwischen Liebe und Begehren
Marianos Geschichte

»Man kann vom Rauche auf das Feuer schließen.
Und also zeiget deutlich dein Vergessen,
Die Schuld in deinem abgeirrten Willen.«
Dante, Die Göttliche Komödie,
Fegefeuer, 33, 97–99

»Ich kann nicht mehr. Deshalb bin ich zu Ihnen gekommen. Ich bin total erschöpft. Genauer gesagt: Ich bin fix und fertig.«

»Gut, dann erzählen Sie doch mal, was Sie dermaßen... Also, wie würden Sie Ihren derzeitigen Gefühlszustand beschreiben?«

»Ich weiß nicht. Erschöpft, entnervt...«

»Mir kommen Sie verärgert vor.«

»Genau, das ist es. Das ist, glaube ich, der richtige Ausdruck. Ja, ich bin verärgert.«

»Und über wen ärgern Sie sich, können Sie das sagen?«

»Über die ganze Welt.«

»Mariano, die ganze Welt, das ist ein bisschen viel. Können wir die Sache nicht etwas eingrenzen?«

»Das mit der Welt war ja nur so dahingesagt...«

»Ich weiß. Aber es spielt durchaus eine Rolle, wie man die Dinge ausdrückt, glauben Sie nicht? Schließlich denken wir in Worten und übermitteln unsere Gefühle damit. Und wenn wir sagen, dass wir uns über die ganze Welt ärgern, scheint es keine Lösung für unseren Ärger zu geben. Denn gegen die ganze Welt kommt keiner an. Wenn wir aber das, worüber Sie sich ärgern – und das wird ja wohl kaum die ganze Welt sein –, genauer bestimmen, können wir vielleicht doch etwas machen.«

»Na gut, einverstanden. Ich ärgere mich über meinen Geschäftspartner, weil er einfach nichts auf die Reihe bekommt. Über meine Klienten, weil sie nicht begreifen, dass ich nichts dafür kann, wenn die Justiz so langsam arbeitet. Darüber, dass ich ständig zum Gericht laufen muss. Über meine Eltern, weil sie beleidigt sind, wenn ich sonntags nicht zum Mittagessen zu ihnen kommen kann. Über meine Schwester, weil sie sagt, ich würde mich nicht um sie kümmern...«

»Okay, ich sehe schon, das sind wirklich viele verschiedene Leute. Und was Ihr Gefühlsleben angeht, also ich meine, als Mann, wie geht es Ihnen da?«

»In der Hinsicht ist alles in Ordnung. Ehrlich gesagt, das ist das einzige Gebiet, auf dem es in meinem Leben keine Probleme gibt.«

»Das ist doch schon mal was. Das Gefühl, in einer erfüllten Partnerschaft zu leben, hat man schließlich nicht so ohne Weiteres, oder?«

»Genau, und erst recht nicht in meinem Fall.«

»Warum? Was ist denn an Ihrem Fall so besonders?«

»Ich muss nicht nur eine Frau zufriedenstellen, sondern gleich zwei.«

Mit dieser Antwort hatte ich nicht gerechnet. Ein Psychoanalytiker muss allerdings immer mit Antworten rechnen, auf die er nicht vorbereitet ist. Ich verzog also keine Miene.

»Die beiden *erden* mich, sozusagen«, fuhr er fort, »ich weiß nicht, was ich ohne sie tun würde.«

So drückte Mariano sich in der ersten Sitzung aus – er wisse nicht, was er »ohne sie« tun würde. Im Lauf der Analyse sollte sich diese Formulierung ein wenig verändern, bis er irgendwann so weit war, dass er sagte, er wisse nicht, was er »mit ihnen« tun solle.

Ich lernte Mariano genau eine Woche vor seinem vierzigsten Geburtstag kennen. Damals arbeitete er schon seit fünfzehn Jahren höchst erfolgreich als Anwalt. Genauer gesagt, als er bei mir mit der Analyse anfing, ging es ihm in wirtschaftlicher Hinsicht ausgezeichnet, er war dabei, sich einen Namen zu machen und immer wichtigere Fälle zu übernehmen.

Ein Jahr nach Abschluss seines Studiums hatte er geheiratet, eine drei Jahre jüngere Frau namens Débora. Sie hatten zwei Söhne, den zwölf Jahre alten Luciano und den acht Jahre alten Ramiro.

Seine Beziehung zu Débora war liebevoll und zärtlich.

»Sie ist eine großartige Mutter«, erzählte Mariano, »und eine großartige Gefährtin. Ich hätte keine bessere Frau finden können.«

Er beschrieb sie als schön und verständnisvoll. Ein befreundetes Paar hatte die beiden miteinander bekannt gemacht, und seit sie zum ersten Mal miteinander ausgegangen waren, schien für beide die Sache klar gewesen zu sein. Ein Jahr später heirateten sie, und wieder ein Jahr darauf kam ihr erster Sohn zur Welt. Vier Jahre danach der zweite, und damit war die »Familie Ingalls« komplett, wie Mariano selbst es ausdrückte.

Fast alle Sitzungen begannen auf die gleiche Weise: Mariano betrat meine Praxis, hängte sein Jackett an die Garderobe, knöpfte den obersten Hemdknopf auf, lockerte seine Krawatte, stellte das Handy aus und legte es auf den Couchtisch zwischen uns.

Dabei sollte dieses Handy uns später so hilfreich sein...

Unsere Gespräche wurden immer wieder von Marianos Klagen unterbrochen. Vor allem beschwerte er sich darüber, dass er immer alles selbst machen müsse und sich auf niemanden verlassen könne.

»Ich kann einfach nichts delegieren.«

»Warum nicht?«

»Weil niemand die Sachen richtig hinbekommt.«

»Niemand außer Ihnen, natürlich.«

»...«

»Denken Sie da nicht ein bisschen selbstherrlich, Mariano? Ist es so für die anderen nicht ziemlich schwierig, Ihnen zu helfen?«

»Kann sein. Aber Sie haben keine Ahnung, wie unfähig die Leute um mich herum sind«, erwiderte er und klagte weiter.

Er war ein intelligenter Patient, ließ sich aber nur schwer dazu bewegen, die Analyse zu vertiefen. Meistens sprachen wir über die Dinge, die ihm gerade wieder einmal über den Kopf zu wachsen drohten. Vor allem hatten die mit seiner Arbeit zu tun, manchmal aber auch mit seiner Familie.

»Ich hab genug von meinem Vater, ich ertrage ihn nicht mehr.«

»Was ist denn los?«

»Meine Schwester hat Probleme mit ihrem Mann, sie werden sich wahrscheinlich trennen, und da ist mein Vater auf die Idee gekommen, ich soll mich da einmischen ...«

»Was genau verlangt Ihr Vater denn von Ihnen?«

»Ich soll mit meinem Schwager sprechen. Ausgerechnet ich! Was soll ich denn da machen, ich kenne ihn so gut wie gar nicht. Außer auf ein paar Familientreffen habe ich noch nie mit ihm geredet. Er ist ein Idiot. Mit ihm kann ich mich noch nicht mal über Fußball unterhalten, er ist nämlich für Platense und ich bin für Boca. Aber mein Vater meint, das würde funktionieren, ich könne doch alles.«

»Na ja, zu diesem Eindruck haben Sie ja vielleicht selbst mit beigetragen, oder nicht?«

»Warum sagen Sie das?«

»Weil bei Ihnen immer alles so gut gelaufen ist ... Sie verdienen gut, haben Erfolg im Beruf, eine tolle Familie ... Ich weiß auch nicht, vielleicht haben die anderen ja den Eindruck, Sie verfügen sozusagen über die Glücksformel.«

Er lächelte.

»Ein bisschen ist das schon so. Aber für mehr als mein eigenes Glück reicht es trotzdem nicht.«

So vergingen Wochen und Monate. Nie sprachen wir über etwas anderes als einzelne, punktuelle Dinge, aktuelle Probleme, aber ohne jemals wirklich in die Tiefe zu gehen. Mehrfach fragte ich mich, ob wir die Analyse nicht besser abbrechen sollten, schließlich ließ er es nicht zu, dass wir die verborgeneren Bereiche seines Seins aufsuchten. Ich hatte das Gefühl, er vergeudete sein Geld und ich meine Zeit. Die Sitzungen mit ihm empfand ich zunehmend als lang, um nicht zu sagen langweilig, und ich musste mich sehr anstrengen, um aufmerksam bei der Sache zu bleiben.

Bis er eines Tages zum ersten Mal darum bat, das Handy anlassen zu dürfen – er erwartete einen wichtigen Anruf. Kurz darauf klingelte es tatsächlich. Als er die Nummer des Anrufers auf dem Display sah, beschloss er, das Gespräch anzunehmen.

»Entschuldigen Sie, Gabriel, aber ich muss einfach drangehen.«

»Bitteschön, wenn es sein muss.«

»Hallo? Ja, ich bin gerade beim Psychologen. Nein, nein, warte, ich kann trotzdem reden.«

Und Valentina – von der bislang nie wirklich die Rede gewesen war – verkündete: Hier bin ich.

Ich konnte nicht verstehen, was sie zu ihm sagte, aber sie war offensichtlich verärgert, ihrem Tonfall beziehungsweise ihrer Lautstärke nach zu urteilen, sogar sehr. Genau genommen schrie sie.

»Aber woher sollte ich wissen, dass du dort bist?... Und was hätte ich tun sollen?... Ich war mit den Kindern da, und... Nein, nein... Hör mal... Bitte leg nicht auf... Hallo? Valentina, hallo?...«

Fassungslos legte er das Handy zur Seite. Zum ersten Mal, seit wir mit den Sitzungen begonnen hatten, wirkte er eingeschüchtert und verängstigt. Er griff sich an die Stirn, sah zu Boden, schüttelte den Kopf. Ich stellte keine Fragen. Eine Minute später atmete er tief durch und sah mich an.

»Ich habe ein Problem.«

»Was ist denn los, Mariano?«

»Wissen Sie noch, dass ich Ihnen in der ersten Sitzung erzählt habe, dass ich zwei Frauen habe?«

»Ja.« Natürlich wusste ich das noch. Wie auch nicht? Im Gegenteil, ich hatte die ganze Zeit darauf gewartet, dass er darüber sprechen würde.

»Sie heißt Valentina. Aber ich habe natürlich nicht zwei Ehefrauen. Es handelt sich vielmehr um eine Beziehung, die ich jetzt schon seit sechs Jahren mit mir herumschleppe.«

Seine Ausdrucksweise war bezeichnend: Valentina war jemand, den er »mit sich herumschleppte«, als wäre sie eine Last.

»Ich habe sie an dem Tag kennengelernt, an dem mein Sohn Ramiro geboren wurde. Sie war die Sekretärin eines befreundeten Kollegen, mit dem ich hin und wieder geschäftlich zu tun hatte. Sie war damals einundzwanzig, und obwohl ich erst ein Jahr später zum ersten Mal etwas mit ihr hatte, fand ich sie vom ersten Augenblick an umwerfend.«

»Fanden Sie sie schön?«

»Nein, Débora ist schön. Valentina war … eine Wölfin. Sie war zwar noch sehr jung, aber ihrem Blick sah man an, dass sie … viel Erfahrung hatte.«

»Was für Erfahrung meinen Sie?«

»Sexuelle, natürlich.«

Seine Stimme hatte auf einmal einen ganz anderen Klang. Endlich ließ er so etwas wie Leidenschaft erkennen. Ich beschloss also, auf diesem Weg weiterzumachen.

»Erzählen Sie doch mal, wie ist denn diese Valentina?«

Ich überließ es bewusst ihm, wie er sie mir vorstellen wollte, ich musste allerdings zugeben, dass ich mir schon denken konnte, wie er es angehen würde.

»Sie ist eins siebzig groß, hat einen dunklen Teint, sehr attraktiv. Ihr Körper ist unglaublich. Und das Gesicht, total sinnlich und erotisch, es verrät eigentlich alles.«

»Was verrät es denn?«

»Wie sehr sie Sex mag. Eine unglaubliche Frau.«

»In welcher Hinsicht?«

»Im Bett. Sie ist wirklich einzigartig.«

»Ach so. Und was empfinden Sie für sie?«

Er sah mich an, als verstünde sich das von selbst.

»Ich begehre sie. Mit jeder Faser. So wie ich noch nie jemanden begehrt habe. Ich komme mir selbst total kitschig vor – das klingt so banal, aber es ist die Wahrheit. Mit keiner anderen Frau habe ich so etwas erlebt...«

»Na gut, nachdem wir heute zum ersten Mal über Valentina sprechen, würde ich gerne noch ein bisschen mehr wissen.«

Wieder überließ ich es ihm, was er mir von ihr erzählen wollte.

»Ein bisschen peinlich ist es mir ja schon... Ich weiß nicht, ob ich es wirklich tun soll, aber andererseits, wenn ich hier nicht darüber spreche...«

»...«

»Also sie ist bald schon eine Kollegin von Ihnen, im Dezember macht sie ihre Abschlussprüfungen. Sie ist jetzt achtundzwanzig. Angefangen hat meine Geschichte mit ihr nach einem Fest mit Arbeitskollegen. Ich habe ihr angeboten, sie nach Hause zu fahren, und als wir vor ihrem Haus standen, hat sie mich angesehen und gesagt, dass ich ihr gefalle. Und dann hat sie mich geküsst.«

»Und wie haben Sie reagiert?«

»Ich konnte gar nicht glauben, dass mir eine so heiße Frau einfach in den Schoß fällt.«

»Und dann?«

»Sie hat gesagt, … dass sie mit mir vögeln will. Na ja … ich hab es zuerst gar nicht verstanden, ich konnte irgendwie nicht richtig denken. Sie dagegen war die Ruhe selbst. Sie war fast noch ein Mädchen und hat mit mir gemacht, was sie wollte.«

»Und was haben Sie gemacht?«

»Fragen Sie das im Ernst?«

»Ja.«

»Was hätten Sie denn gemacht?«

»Darauf kommt es nicht an. Wichtig ist, was Sie gemacht haben.«

»Ich hab mit ihr gevögelt, ja … Und von da an musste ich immer wieder mit ihr zusammen sein. Ich begehre sie die ganze Zeit. Selbst wenn ich mit Débora schlafe, versuche ich mir vorzustellen, in Wirklichkeit wäre Valentina bei mir.«

»Kennt Valentina Ihre Situation?«

»Ja, natürlich. Und bis vor einiger Zeit war das auch kein Problem. Aber seit ungefähr einem Jahr scheint es sie auf einmal zu stören, dass ich verheiratet bin. Ich weiß nicht, was da passiert ist, verändert hat sich nämlich eigentlich nichts.«

»Vielleicht hat sich ja doch etwas verändert …«

»Das verstehe ich nicht. Wie meinen Sie das?«

»Vielleicht ist es nicht dasselbe, ob man einundzwanzig oder achtundzwanzig ist. Valentinas Erwartungen könnten heute anders sein als zu dem Zeitpunkt, als Sie sie kennengelernt haben.«

»Aber alles lief doch so gut.«

»Für Sie – für Valentina offenbar nicht.«

»Ich würde einfach alles für sie geben.«

»Ja, das Problem liegt aber möglicherweise nicht in dem, was Sie ihr geben, sondern in dem, was Sie ihr nicht geben.«

»Was meinen Sie damit?«

»Mariano, es wäre kein Wunder, wenn eine Frau, die fast dreißig ist, sich auf einmal einen Ehemann und Kinder wünscht, kurz gesagt, eine Familie. Und das können sie ihr nicht geben, oder doch?«

»Niemals, ich bin doch nicht verrückt. Ich würde niemals ein Kind mit ihr haben wollen, und heiraten würde ich sie auch nicht.«

»Sie sagen das, als ob etwas schlecht an ihr wäre.«

»Schlecht nicht. Aber eine Ehefrau muss anders sein.«

Heutzutage mag so eine Äußerung seltsam klingen, aber es kommt trotzdem immer wieder vor, dass einige meiner Patienten großen Wert auf den Unterschied zwischen ihrer Idealvorstellung von »Erotik« und von »Familie« legen. Ich muss zugeben, dass ich in diesem Fall jedoch selbst überrascht war, auf was für eine simple Formel Mariano die Sache brachte. Doch damit konnte ich mich in diesem Moment nicht aufhalten – ich musste dafür sorgen, dass Mariano selbst merkte, was er gerade gesagt hatte:

»Das verstehe ich nicht – inwiefern anders?«

»Ist egal«, weicht er aus, »jedenfalls, heute Mittag habe ich mit meiner Frau und den Kindern in einem Restaurant gegessen, und sie war auch da, mit einer Freundin. Ich hätte fast einen Herzinfarkt bekommen. Keiner von uns beiden hat etwas gesagt. Am liebsten wäre ich zu ihr gegangen, um mit ihr zu sprechen, aber ich konnte nicht. Deshalb habe ich zu Débora gesagt, wir sollten besser in ein ruhigeres Lokal gehen, aber da hatten die Kinder sich schon einen Tisch ausgesucht und sich hingesetzt, also sind wir geblieben.«

»Und Valentina?«

»Nichts weiter, sie hat sich die Sache ein paar Minuten lang angesehen, und dann ist sie aufgestanden und gegangen. Ihr Anruf vorhin war ihre erste Meldung seither.«

»Und wie war sie da?«

»Wütend. Aber ich habe ihr schließlich immer die Wahrheit gesagt, oder?«

»Ja, aber vielleicht reicht das nicht, und es tut ihr trotzdem weh, Sie so zu sehen. Denn etwas zu wissen oder es sich vorzustellen ist längst nicht dasselbe, wie wenn man es tatsächlich sieht. Vielleicht war es einfach zu viel für sie, Sie so zusammen mit Ihrer Familie zu erleben.«

»Kann sein, aber...«

Wieder klingelte das Handy. Wieder nahm er das Gespräch nach einem Blick auf das Display an.

»Entschuldigung... Hallo, Valen... bitte, ich muss mit dir sprechen.«

Der Mann, der sich so entschieden dazu geäußert hatte, dass er Valentina bestimmte Wünsche niemals erfüllen würde, schien mit dem, der nun das Handy umklammerte, nichts zu tun zu haben. Der Mariano vor mir war auf einmal sanft und verschüchtert und versuchte mit allen Mitteln, seine Gesprächspartnerin milde zu stimmen.

»Einverstanden. In ein paar Minuten gehe ich hier los... Ja, ist gut. Also dann in einer Stunde dort... Küsschen.«

Er seufzte.

»Na gut, zumindest war sie nicht mehr ganz so laut. Ich glaube, sie wird mich verstehen.«

»Ja, kann sein. So schwer zu verstehen ist das ja auch nicht. Ich weiß aber nicht, ob sie, so sehr sie es vielleicht auch versteht, ob sie also deshalb auch auf ihre Wünsche verzichten kann. Und damit meine ich keine sexuellen Wünsche, sondern andere.«

»Ich weiß nicht... Mal sehen... Jedenfalls hat sie sich etwas beruhigt. Das Schlimmste ist, glaube ich, vorbei.«

Er wollte es nicht verstehen. Wozu sollte ich also weitersprechen? Ich erklärte unsere Sitzung für beendet, wofür er dankbar zu sein schien. Er wollte so schnell wie möglich aufbrechen und die Sache mit Valentina in Ordnung bringen. Diesmal würde ihm das wohl auch gelingen. Aber trotzdem stimmte die Balance nicht mehr. Und das würde Folgen haben, da war ich mir sicher.

Bei unserer nächsten Sitzung zeigte Mariano sich so geschickt wie immer darin, bestimmten Themen auszuweichen. Er sprach nicht darüber, was beim letzten Mal vorgefallen war – erst als sein Handy auf dem Tisch vibrierte. Offenbar war eine SMS eingegangen.

»Von Valentina«, sagte er.

Er beantwortete die Nachricht, und ich nutzte die Gelegenheit, dass er sie doch noch hier im Rahmen unserer Sitzung hatte auftauchen lassen, und fragte, wie der Konflikt mit Valentina in der letzten Woche ausgegangen war.

»Ich habe es schließlich nochmal gerade gerückt.«

»Und wie?«

»Na ja, ich habe sie sich austoben lassen, habe mir ihre Vorwürfe eine Weile angehört, und dann habe ich ihr ein paar Zugeständnisse gemacht.«

»Was für Zugeständnisse?«

»Nicht viele – dass ich mich an bestimmten Orten auch in der Öffentlichkeit mit ihr zeige, dass ich ihr ein paar von meinen Freunden vorstelle.«

»Mariano, sind Sie sich bewusst, was Sie da sagen?«

»Ja, keine Sorge, das bekomme ich hin.«

»Ich mache mir keine Sorgen. Wer sich vielleicht Sorgen machen sollte, sind Sie. Aber wenn Sie sich so sicher sind, dass Sie das hinbekommen, habe ich nichts mehr dazu zu sagen. Nur eine Frage würde ich Ihnen gerne stellen.«

»Bitteschön.«

»Mariano, es wäre wirklich dumm, nicht zu erkennen, dass Sie offensichtlich bereit sind, das Risiko einzugehen – mag es auch noch so gering sein –, dass das Ganze auffliegt. Was im konkreten Fall bedeuten würde, dass Sie ihre gesamte Familienstruktur, so wie sie jetzt ist, aufs Spiel setzen. Die Frage lautet also: Was ist so besonders an dem, was Sie von Valentina bekommen, dass Sie dafür alles riskieren, was Sie im Lauf der Jahre aufgebaut haben?«

Schweigen.

»Gabriel, Sex mag ich wirklich wahnsinnig gern. Ich bin fantasievoll und für Vieles offen.«

»Und?«

»Mit Valentina gibt es für mich beim Sex keine Grenzen, verstehen Sie?«

»Ich weiß nicht, ob ich Sie verstehe. Können Sie es mir nicht noch genauer erklären ...«

Er seufzte gequält.

»Es ist nicht leicht für mich, das so offen auszusprechen. Es kommt mir ein bisschen unpassend vor ...«

»Ich will es nicht in allen Einzelheiten wissen, aber helfen Sie mir zu verstehen, was Sie in sexueller Hinsicht bei Valentina finden können und bei Débora nicht.«

»Das sind zwei verschiedene Dinge«, sagt er fast wütend.

»Mariano, das sind nicht zwei Dinge, das sind zwei Frauen. Ich meine, Menschen als ›Dinge‹ zu betrachten, kann manchmal ganz schön daneben gehen.«

»Genau darum geht es ja. Valentina kann ich durchaus, wenn auch bloß manchmal, als so etwas wie ein Ding betrachten. Ein Mittel zum Zweck, das dazu da ist, mir Lust zu verschaffen. Mit Débora kann und will ich das nicht.«

»Und was bedeutet es, sie als so etwas wie ein ›Ding‹ zu betrachten?«

»Na ja ... zum Beispiel, wenn ich ihr sage, sie soll sich sexy Strumpfhalter anziehen, oder vor mir masturbieren und mich dabei zusehen lassen.« Es fiel ihm schwer, über dieses Thema zu sprechen, im Grunde war er sehr konservativ. »Oder ich kann mit ihr darüber reden, wie es wäre, noch jemanden mit ins Bett zu nehmen, oder Oralsex haben ... lauter Sachen, die ich von meiner Frau nicht verlangen kann, das können Sie sich ja vorstellen.«

»Warum nicht? Gefällt ihr so etwas nicht?«

»Woher soll ich das wissen? Ich würde sie nie danach fragen. Für sie wäre das wie eine Beleidigung.«

»Warum glauben Sie, Ihre Wünsche könnten sie beleidigen? Vielleicht teilt sie Ihre Wünsche, vielleicht auch nicht, vielleicht geht sie darauf ein, oder eben nicht, aber beleidigt sein ... Wäre das nicht übertrieben?«

»Gabriel ... Débora ist die Mutter meiner Söhne.«

»Ja ... Und die haben Sie doch wohl gezeugt, indem Sie gevögelt haben, oder etwa nicht?«

Ich gebrauchte absichtlich das Wort »vögeln«. Die Wirkung auf ihn war deutlich: Er sagte kein Wort, sah mich nur wütend an. Als hätte ich seine Ehefrau attackiert.

»Débora ist eine richtige Frau.«

»Klar, und Valentina bloß eine kleine Nutte.«

Er schwieg und starrte mich an. Ich ließ mehrere Sekunden verstreichen, dann sprach ich weiter: »Und richtige Frauen muss man respektieren und ihnen ein Heim geben, Kinder, und man muss auf sie aufpassen und für sie sorgen. Kleine Nutten dagegen braucht man bloß zu genießen, man kann sie mit anderen teilen, man kann sie erniedrigen, man kann sie wie Dinge behandeln, stimmt's?«

» ... «

»Mariano, etwas an Ihren Gedanken ist nicht ganz falsch: Liebe braucht einen gewissen Grad an Idealisierung. Man muss daran glauben, dass die Frau, die man liebt, der beste und feinste aller Menschen ist, eine großartige Gefährtin, eine unvergleichliche Mutter, eine einzigartige, wunderbare Person. So haben Sie auch Débora zu Ihrem Ideal gemacht. Das Begehren dagegen verlangt gewissermaßen danach, den anderen Menschen herabzusetzen, und sei es nur zeitweilig, wie Sie gesagt haben. Es verlangt danach, den anderen in ein Objekt unserer Begierde zu verwandeln, oder vielmehr, ihn nur noch in Teilen wahrzunehmen.«

»In Teilen? Das verstehe ich nicht.«

»Natürlich, nur noch in Teilen. Nicht, wie im Fall der Liebe, als Ganzes, als die große, einzigartige Frau. Nein, hier ist es anders. Hier wird sie aufgeteilt: Sie hat große Brüste, einen tollen Hintern, einen sinnlichen Mund. Soll heißen, Sie nehmen sie nicht mehr als vollständige Person wahr, sondern nur ihre erotischen Zonen. Oder Sie nehmen sie bestenfalls als die Gesamtheit dieser Zonen wahr. Mit Valentina konnten Sie genau das machen, was so wichtig dafür ist, dass man jemanden begehren kann.«

»Und was ist dann schlecht daran?«

»Schlecht daran ist genau das, was mit Ihrer Rolle als Mann zu tun hat, also alles, was mit dem Gebiet zu tun hat, auf dem es, wie Sie bei unserer ersten Sitzung gesagt haben, für Sie keinerlei Konflikt gab.«

»Wieso das denn?«

»Mariano, aus dem, was Sie mir bis jetzt erzählt haben, schließe ich, dass Débora, seit sie zum zweiten Mal schwanger wurde, für Sie zur Mutter und zur Verkörperung Ihrer Familie geworden ist. Sie konnten sie nur noch ganz sanft ›lieben‹. Und genau da liegt für mich der Kern der Sache:

In der Art, wie Sie mit Ihrem Begehren umgehen. Sehen Sie, um eine Familie zu bilden, haben Sie Ihrer Beziehung den ganzen erotischen Inhalt genommen. Sie haben Liebe und Begehren so sehr voneinander getrennt, dass sich jetzt die Frage stellt, wie Sie gleichzeitig ein erfülltes Sexualleben führen und eine Familie haben können.«

»Ich weiß nicht, was ich dazu sagen soll.«

»Mal sehen. Es gibt verschiedene Möglichkeiten. Erstens: Sie machen so weiter wie bisher. Das bedeutet, Sie haben eine Frau und eine Geliebte. Oder aber Sie sind treu und verzichten auf eine ausschweifende Sexualität, unterdrücken Ihr Begehren. Die dritte Möglichkeit wäre, Sie befriedigen sich selbst. Es gibt aber noch eine weitere, viel interessantere und vielleicht auch viel gesündere Möglichkeit: Sie erotisieren Ihre Beziehung mit Débora, oder aber Sie erweitern Ihre Beziehung mit Valentina um die Dimension der Liebe. Ich frage mich allerdings: Sind Sie dazu imstande?«

»Das weiß ich nicht. Ich kann mir jedenfalls nicht vorstellen, wie ich das machen sollte.«

»Vielleicht sollten wir an bestimmten Vorurteilen arbeiten, an bestimmten Idealen, die Sie pflegen und die Sie in diese Lage gebracht haben.«

»Was soll ich tun, Gabriel?«

»Ich weiß es nicht. Aber die Herausforderung, die sich Ihnen jetzt stellt, besteht darin, herauszufinden, ob es für Sie möglich ist, eine Person gleichzeitig zu begehren und zu lieben. Beziehungsweise eine Frau gleichzeitig zu idealisieren und ›herabzusetzen‹. Bis jetzt konnten Sie das nicht. Und was haben Sie gemacht? Sie brauchten zwei Frauen, um für sich eine aus ihnen zu machen. Ich weiß nicht, wie es für Ihre Frau ist, dass Sie sie nicht einfach ›herabsetzen‹ können, ich muss Ihnen aber angesichts dessen, was in der letzten Zeit passiert ist, sagen, dass Valentina offensichtlich genug davon hat, bloß das Objekt Ihrer Begierde, Ihr ›Mittel zum Zweck‹ zu sein, und von Ihnen inzwischen anders wahrgenommen werden möchte.«

»Das heißt, sie möchte dass ich...«

»Ja, dass Sie sie lieben.«

Schweigen.

»Woran denken Sie, Mariano?«

»Dass ich nicht weiß, ob ich Ihnen die Wahrheit erzählt habe.«

»Können Sie das genauer erklären?«

»Ja. Dass ich nicht weiß, ob die Zugeständnisse, die ich gemacht habe, wirklich nur so klein sind.«

»Erzählen Sie mal...«

»Bevor ich heute zu Ihnen kam, hat mein Handy geklingelt.« Schon wieder das Handy. »Es war Valentina. Sie hat gesagt, an diesem Wochenende kommen ihre Eltern aus Tandil zu Besuch. Und sie möchte, dass wir alle zusammen abends irgendwo essen gehen.«

»Und Sie haben zugesagt?«

»Ja. Unser letzter Streit liegt ja noch nicht lange zurück. Hätte ich nein gesagt, wäre sie vielleicht wieder böse geworden. Aber ich weiß nicht, ob ich tatsächlich mitgehen will.«

»Machen Sie sich nichts vor, Mariano. Sie wissen ganz genau, dass Sie das nicht wollen. Sie wissen bloß nicht, wie Sie es Valentina beibringen sollen.«

»Also?«

»Also müssen Sie entscheiden, ob Sie das tun, was Sie möchten, und dafür in Kauf nehmen, dass Ihre Geliebte es Ihnen übelnimmt, oder ob Sie um des lieben Friedens willen mitgehen. Dieser Frieden wird aber wohl kaum viel länger halten als einen Tag. Ich nehme an, dass die Sache damit keineswegs ausgestanden ist.«

»Aber wenn ich nicht mitgehe, verliere ich sie, glaube ich.«

Schweigen.

»Lieben Sie diese Frau?«

»Nein.«

»Dann überlegen Sie sich die Sache gut, schließlich wird sich Valentina jedes Mal, wenn Sie auf ihre Forderungen eingehen, in ihrer Einbildung bestärkt fühlen, Sie könnten ihr etwas geben, was Sie ihr, wie Sie sagen, gar nicht geben wollen. Aber wenn das so ist, warum machen Sie ihr dann falsche Hoffnungen?«

»Weil ich sie sehr begehre und sie nicht verlieren will.«

»Dann übernehmen Sie auch die Verantwortung für die Folgen, die Ihr egoistisches Verhalten für Valentina, Débora und Sie selbst nach sich ziehen könnte.«

Schweigen.

»Sie machen mich schlecht. Dabei hatten Sie gesagt, Sie würden mein Verhalten niemals beurteilen.«

»Mariano, ich beurteile Ihr Verhalten nicht, da können Sie sicher sein. Ich beschreibe Ihnen bloß – zugegeben, sehr direkt –, wie Ihre Wirklichkeit sich im Augenblick darstellt, damit Sie selbst reif und bewusst entscheiden können, wie Sie weiter vorgehen wollen.«

»Ich möchte aber am liebsten alles so lassen, wie es ist.«

»Ich glaube, das geht nicht mehr. So wie es jetzt steht, werden Sie zumindest einen Teil verlieren. Entscheiden Sie, welcher Teil das sein soll.«

Damit brach ich die Sitzung ab, und Mariano ging.

Mir war klar, dass ich ihn sehr verunsichert hatte. Als Psychoanalytiker muss man das manchmal tun. Die Sitzung war sehr hart für ihn, aber es wäre unmöglich gewesen, diesen Fragen noch länger auszuweichen. Er stand eindeutig an einem Scheideweg. Und er musste selbst beschließen, welche Richtung er einschlagen wollte.

Drei Tage später rief er mich um acht Uhr abends an. Er war außer sich und wirkte völlig verstört. Er fragte, ob er zu mir kommen könne, was ich sofort bejahte. Schon zwei Stunden später, um Punkt zehn, begann die Sitzung. Er ließ sich vor mir auf einem Stuhl nieder und fing an zu weinen.

»Wie konnte ich nur so dumm sein... Oh Gott... Ich kann es nicht glauben...«, stammelte er schluchzend.

»Was ist denn passiert, Mariano?«

»Das Handy... das verfluchte Handy.«

»Was ist denn mit dem Handy?«

»Als ich heute, vor gerade einmal vier Stunden, von der Arbeit nach Hause gekommen bin, bin ich erst mal unter die Dusche gegangen. Für heute Abend war ich mit Valentina und ihren Eltern zum Essen verabredet. Als ich ins Bad gegangen bin, habe ich das Handy auf dem Bett liegen lassen... Und ich habe vergessen, es auszuschalten.«

»Und dann?«

»Als ich wieder aus dem Bad kam, bin ich ins Schlafzimmer gegangen, um mich anzuziehen. Débora hat dort schon auf mich gewartet. Sie hat mir das Handy entgegengehalten und gesagt: ›Hier. Da ist eine Nachricht für dich. Lies sie, ich habe sie schon gelesen.‹«

»War es eine Nachricht von Valentina?«

»Ja. Ich habe sie nicht gelöscht, hier, sehen Sie.«

Er hielt mir das Handy entgegen, sodass ich die Nachricht lesen konnte: »Liebling, meine Eltern kommen gegen zehn Uhr. Versuch doch, ein bisschen früher zu kommen. Ich liebe dich. Valentina.«

Ich gab ihm das Handy zurück.

»Sie können es sich ja vorstellen ...«

»Ehrlich gesagt, nein. Besser Sie sagen mir, was passiert ist.«

»Sie ist vor mir stehen geblieben, während ich die Nachricht gelesen habe. Dann habe ich sie angeblickt – ich habe ihr in die Augen gesehen – und überlegt, wie ich aus dieser Katastrophe wieder rauskommen soll. Welche Ausrede ich mir zurechtlegen soll. Aber da hat sie als Erste angefangen zu sprechen. Sie war gefasst, allerdings kurz davor, in Tränen auszubrechen, ihre Augen waren rot, aber sie war ruhig.«

»Und was hat sie gesagt?«

»Sie hat gesagt, ich soll mir bitte gut überlegen, was ich ihr antworte. In der Nachricht tauche mein Name nicht auf, ich könnte also so tun, als wäre nichts, und behaupten, die Nachricht sei falsch zugestellt worden oder jemand habe sich einen Witz erlaubt, und ich hätte wirklich vorgehabt, zu dem Klassentreffen zu gehen, von dem ich ihr erzählt hatte, und dass ich keine Valentina kennen würde. Dann würde sie überlegen, ob sie mir glauben könnte oder nicht. Doch ich solle sie respektvoll behandeln und nicht wie eine Idiotin. Ich solle mir Zeit lassen, so viel wie nötig, aber das, was ich dann zu ihr sagen würde, solle tatsächlich endgültig sein. Dann hat sie mich allein gelassen und ist in die Küche gegangen.«

»Und was haben Sie gemacht?«

»Ich habe mich angezogen, und dann habe ich Sie angerufen und bin hierher gefahren. Von ihr habe ich mich nicht einmal verabschiedet. Bis es zehn war, bin ich draußen umhergelaufen und habe versucht nachzudenken.«

»Und, haben Sie einen Entschluss gefasst?«

»Nein. Ich konnte nicht, ich war zu nichts imstande.«

»Das stimmt nicht.«

»Wie meinen Sie das?«

Ich sah auf die Uhr. Es war Viertel nach zehn.

»Ich meine, eigentlich müssten Sie mittlerweile längst bei Valentina sein ... aber Sie sind hier.«

Er weinte wieder. Ich sagte nichts, ließ ihn ausweinen. Erst nachdem mehrere Minuten vergangen waren, entschloss ich mich, weiterzusprechen.

»Mariano, ich weiß, Sie haben in diesem Augenblick das Gefühl, die ganze Welt bricht über Ihnen zusammen, aber wissen Sie was? Sie haben selbst dafür gesorgt, dass es so gekommen ist.« Er sah mich erstaunt an. »Ja. Ich bin mir sicher, dass Sie dieses Problem schon seit langem angehen und lösen wollten, aber Sie haben den Mut dazu nicht aufgebracht. Also haben Sie die Entscheidung Ihrem Handy überlassen.«

»Was?«

»Ja. Zuerst, als Sie es hier bei mir, mitten in unserer Sitzung, angeschaltet ließen, um den erwarteten Anruf von Valentina empfangen zu können. Damit konnten wir dem Thema unmöglich ausweichen. Damals bedienten Sie sich, wenn auch unbewusst, dieser Methode, um mich von der Existenz Valentinas und den Problemen, die sich daraus für Sie ergeben, in Kenntnis zu setzen. Bei der nächsten Sitzung wurde das Thema durch die SMS erneut aufgeworfen, so sehr Sie sich auch damals dagegen gesträubt hatten, darüber zu reden. In jedem Fall war diese Sitzung, wie ich zugeben muss, ziemlich ergiebig, schließlich sprachen wir über Ihre Schwierigkeit, eine Person gleichzeitig lieben und begehren zu können. Und jetzt überlegen Sie mal, was heute wegen desselben Handys alles passiert ist...«

»Was meinen Sie damit? Dass ich das Handy absichtlich nicht ausgeschaltet habe?«

»Ja und nein. Nicht bewusst, aber Ihr unbewusster Wunsch, diese Geschichte zu Ende zu bringen, hat dabei sicherlich eine Rolle gespielt. Eine typische ›Fehlleistung‹, wie wir Psychoanalytiker sagen. Auf diese Weise macht man etwas, was das eigene Bewusstsein normalerweise nicht zulassen würde, man bringt einen Wunsch zum Ausdruck, dem man sich anders nicht stellen kann. Sie haben nicht nur vergessen, Ihr Handy auszuschalten, sondern Sie haben es darüber hinaus so liegen lassen, dass es Débora geradezu in die Hände fallen musste, und das nicht nur nach einer so bewegenden und aufwühlenden Sitzung wie der vom letzten Dienstag, sondern auch noch unmittelbar bevor Sie sich zum ersten Mal offiziell Valentinas Familie vorstellen sollten. Wollen Sie die Wahrheit wissen? Ich glaube, Sie haben all das absichtlich getan... Meinen Sie nicht?«

Schweigen.

»Die Geschichte mit Valentina ist einfach aus dem Ruder gelaufen. Ich wollte das nicht... Und ich will auch nicht meine Familie verlieren. Aber vielleicht ist jetzt alles zu spät.«

»Mariano, Débora hat gesagt, Sie sollen sich Zeit lassen. Sie haben beschlossen, diese Zeit mit mir zu verbringen. Nutzen wir sie also, um nachzudenken. Was werden Sie jetzt tun?«

»Ich weiß es nicht.«

»Lieben Sie Ihre Frau?«

»Mit jeder Faser meines Herzens.«

»Dann hören Sie auf das, was sie zu Ihnen gesagt hat. Sie hat gesagt, Sie sollen sie respektvoll behandeln. Ich glaube, das hat sie verdient.«

»Und was soll ich machen, soll ich ihr die Wahrheit sagen?«

»Tun Sie das, was Sie wollen. Aber wenn Sie meine Meinung hören möchten – wobei das wirklich nur eine Meinung ist: Ich glaube, es gibt keine bessere Wahl als die Wahrheit.«

Wir unterhielten uns noch eine Weile über dieses Thema. Dann beschloss Mariano, nach Hause zu gehen und mit seiner Frau zu sprechen. Beziehungsweise ihr die Wahrheit zu sagen. Natürlich ließ er die besonders pikanten Umstände dieses Tages beiseite. Sie hörte ihm zu, fragte ihn, warum er so gehandelt hatte, weinte viel, und am Ende einer langen Nacht entschieden die beiden, sich noch einmal eine Chance zu geben.

Daraufhin lernte ich schließlich auch Débora kennen, denn sie bat Mariano, an ein paar unserer Sitzungen teilnehmen zu dürfen, und er war nur zu gern dazu bereit. Sie war eine wirklich schöne, attraktive und intelligente Frau.

Auch wenn es eigentlich um Marianos Behandlung ging, kamen die beiden fast zwei Monate lang zusammen. Sie sprachen über vieles, vor allem aber hörten sie einander zu.

Bis Débora eines Tages allein zur Sitzung erschien.

»Mariano ist noch nicht da«, sagte ich.

»Ich weiß. Ich habe ihm gesagt, dass ich diesmal gerne allein kommen würde. Um mit Ihnen zu sprechen.« Ich wollte schon etwas erwidern, aber sie fiel mir ins Wort: »Ich weiß, normalerweise macht man das nicht, aber Mariano war einverstanden. Wenn es Ihnen nichts ausmacht, würde ich also gerne dableiben.«

Ich bat sie herein.

»Débora, ich kann mir denken, dass Sie viele Fragen haben, aber Sie müssen wissen, dass ich auf jeden Fall mein Berufsgeheimnis wahren muss und Fragen über Ihren Mann nicht beantworten kann.«

Sie lächelte. »Nein, Gabriel. Ich möchte nicht über ihn sprechen, sondern über mich. Ich weiß, Sie können nicht mein Analytiker sein. Im Gegenteil, nach diesem Gespräch, das unser letztes sein soll, möchte ich Sie bitten, mich an jemanden Ihres Vertrauens zu überweisen. Aber ein paar

Dinge wollte ich Ihnen erzählen, ich glaube, das bin ich Ihnen schuldig.«

Schweigen.

»Schon vor einiger Zeit habe ich gemerkt, dass mit der Beziehung zwischen mir und meinem Mann etwas nicht stimmt. Unser Sexualleben wurde immer eingeschränkter, immer mehr von lauter Bedingungen abhängig.«

»Bedingungen? Wie meinen Sie das?«

»Von Bedingungen, die vor allem Mariano stellte. Er wurde immer zurückhaltender, hatte immer mehr Bedenken.«

»Meinen Sie damit, er hat nach Ausreden gesucht, um möglichst selten mit Ihnen zu schlafen?«

»Nein, ganz so ist es nicht. Aber unser Sexualleben wurde immer vorhersehbarer, ohne irgendwelche Spielereien, ohne Überraschungen. Ich habe immer stärker das Gefühl gehabt, er sieht mich nicht mehr als Frau.«

»Wann hat das angefangen?«

»Kurz nach der Geburt unseres jüngeren Sohnes.« Damals hatte Mariano gerade Valentina kennengelernt. »Ich war sicherlich auch schuld daran, weil ich nichts dazu gesagt habe. Aber schließlich wurde ich so immer mehr zur Mutter seiner Söhne und immer weniger zu seiner Frau.«

Schweigen.

»Und was haben Sie mit Ihrem Begehren gemacht?«

Schweigen.

»Genau das bin ich Ihnen, glaube ich, schuldig, Gabriel. Sie haben viel für uns getan. Und ich werde nicht mehr zu Ihnen kommen. Ich denke, ich sollte meine eigene Analyse beginnen. Aber davor wollte ich, dass Sie die ganze Wahrheit kennen.«

»Erzählen Sie, bitte.«

»Mariano ist nicht der Einzige in der Familie, der sexuelles Begehren empfindet. Mir geht das genauso. Ich vögele auch gern.«

Bei diesen Worten sah sie mir in die Augen. Sie wollte zeigen, dass sie eine Frau ist. Ich hielt ihrem Blick stand. Diese Seite ihres Lebens hielt sie bestimmt schon seit langem verborgen. Doch sie hatte das Recht, und offenbar auch große Lust, diese Seite nun zu zeigen.

»Und?«

»Schon seit langem besteht mein Sexualleben vor allem darin, dass ich masturbiere. Und Fantasien habe ... immer mit Mariano. Man könnte es fast für einen Witz halten, dass ich davon träume, mit dem Mann Sex zu haben, der jede Nacht neben mir schläft. Aber so war es. Zumindest bis vor einem Monat.«

»Was ist vor einem Monat passiert, Débora?«

»Da habe ich einen Mann wieder getroffen, mit dem ich zusammen war, bevor ich geheiratet habe, ein Freund meines Bruders.«

»Und was ist passiert?«

»Anfangs haben wir nur telefoniert. Lange Gespräche. Ich bin viel allein, ich kann also in aller Ruhe sprechen. Und fast ohne dass ich es gemerkt hätte, haben wir ein verführerisches Spiel begonnen, bei dem ich Dinge gespürt habe wie schon lange nicht mehr. Ich schäme mich, darüber zu sprechen.«

»Haben Sie mit ihm geschlafen?«

»Nein, aber fast.«

»Haben Sie sich danach gesehnt?«

»Sehr.«

»Und was hat Sie zurückgehalten?«

»Dass ich diesen Mann nicht liebe. Ich liebe Mariano. Alles, was ich wollte, war eigentlich nur das Gefühl, begehrt zu werden, zu wissen, dass ich einen Mann noch erregen kann. Dass ich immer noch eine Frau bin. Und als sich endlich die Gelegenheit dazu bot... konnte ich nicht.«

»Sie konnten das Ihrem Mann nicht antun?«

»Nein. Mir selbst nicht. Daraufhin beschloss ich, das, was nie richtig anfangen hatte, zu beenden und bei der nächsten Gelegenheit mit Mariano darüber zu sprechen, was in mir vorging.«

»Und diese Gelegenheit war dann die SMS von Valentina?«

»Ja. Das traf mich sehr, ich war böse und ich hatte Angst. Aber es war auch der Auslöser für meinen Entschluss, endlich mit ihm über alles zu reden. Mariano schlief mit dieser Frau. Ich hatte fast mit diesem anderen Mann geschlafen. Wo ist da der Unterschied? Ich bin nicht besser als er.«

»Ich weiß nicht, wer von Ihnen beiden besser oder schlechter ist, falls man das überhaupt sagen kann. Ich glaube, Sie sind beide so gut mit dem Thema umgegangen, wie Sie eben konnten.«

»So ist es.«

»Und jetzt?«

»Jetzt müssen wir um unsere Familie kämpfen.«

»Débora... Statt um die Familie zu kämpfen, sollten Sie

wohl zuerst einmal um Ihre Beziehung kämpfen, meinen Sie nicht?«

Sie lächelte.

»Ich wünsche Ihnen beiden viel Glück«, sagte ich und wir verabscheideten uns voneinander.

Mariano hat die Analyse seither intensiv fortgesetzt. Unsere Sitzungen haben kaum noch etwas mit den meist so zähen und oberflächlichen Gesprächen zu tun, die wir anfangs führten. Er hat seine Rollenvorstellungen, seine Herkunft und all seine Ängste infrage gestellt.

Débora hat bei einem Kollegen aus meinem Team eine Therapie begonnen.

Seit dem Vorfall mit dem Handy sind zehn Monate vergangen. Dieser Vorfall zwang die beiden, eine schmerzhafte Wahrheit ans Licht zu bringen, und eröffnete ihnen zugleich die Möglichkeit, zu versuchen ihre Beziehung auf einen anderen Weg zu bringen.

Ob ihnen das gelingen wird, weiß ich nicht. Sie arbeiten hart daran. Für sie beide ist es eine schwierige Zeit, die große Anstrengungen und Schmerzen mit sich bringt.

Aber manchmal lässt sich eine bessere Zukunft nicht anders erreichen.

Eine Frau trauert
Amalias Geschichte

»Wo war Gott, als du gegangen bist?«
                             E. S. Discépolo

Amalia war eine starke Frau, die sich in ihrem Leben schon sehr schweren Dingen hatte stellen müssen. Eines Tages ließ sie sich jedoch in den Stuhl fallen, als wäre ihr schlagartig sämtliche Energie entzogen worden. Sie schien völlig am Ende zu sein.

»Amalia, erzählen Sie bitte, was ist passiert?«

Sie sah mich mit Tränen in den Augen an, konnte kaum sprechen. Schluchzend stammelte sie:

»Romina, meine Tochter…«

»Was ist mit ihr?«

»Man hat einen Krebs bei ihr entdeckt«, sagte sie und brach in heftiges Weinen aus.

Diese Patientin mochte ich sehr. Auf keinen Fall wollte ich ihr auch nur den geringsten Schmerz zufügen. Aber diesmal konnte ich es nicht vermeiden. Es war soweit. Ich nahm all meinen Mut zusammen und sagte – ganz gegen meinen Willen und im Wissen, dass ich ihr wehtun würde:

»Herzlichen Glückwunsch. Da müssen Sie ja hochzufrieden sein.«

Sie sah auf und durchbohrte mich mit ihrem Blick. Ich hielt stand und fühlte mich äußerst unwohl. Amalia schwieg lange. Offenbar konnte sie es nicht fassen, dass ich so etwas zu ihr gesagt hatte. Dann änderte sich der Ausdruck in ihrem Gesicht: Sie sah mich nicht mehr erstaunt an, sondern voller Hass.

»Rolón, Sie sind wirklich ein Schwein.«

Sie hatte recht. Manchmal bleibt dem Psychoanalytiker aber nichts anderes übrig.

Der Tod ist unverständlich und ungerecht, und der Schmerz über den Verlust eines geliebten Menschen ist immer so groß und so tief, dass das eigene Leben zusammen mit dem Verstorbenen an sein Ende gelangt zu sein scheint. Die Welt verdüstert sich, und nichts, was bis jetzt wichtig für uns war, scheint noch irgendeine Bedeutung zu haben. Ich weiß noch, dass mein Vater mich, als ich sehr jung war, auf seinen Tod vorzubereiten versuchte.

»Ich werde eines Tages sterben, und du wirst dann weiterleben müssen«, sagte er.

Ich war sechs oder sieben Jahre alt, nie wieder habe ich einen solchen Kummer verspürt wie damals. Mein Vater konnte mich mit diesen Worten jedoch nicht auf seinen Tod vorbereiten – niemand kann das. Die Hoffnung, ich würde auf diese Weise weniger leiden, wenn der gefürchtete Augenblick einträte, erwies sich als vergeblich.

Der Tod eines geliebten Menschen versetzt uns in eine Welt ohne Sinn, in der es keine Worte gibt, um das, was geschehen ist, zu erklären, und sei es noch so unbeholfen und unvollständig.

Es ist schrecklich zu wissen, dass wir die Stimme dieses

Menschen nie wieder hören werden und dass sein Blick nie wieder auf uns ruhen wird, dass wir beim Aufwachen weinend feststellen müssen, dass wir uns in der Nacht bloß eingebildet haben, er liege neben uns – dass der nächste Tag begonnen hat und die grausame Wirklichkeit weitergeht. Oder wie Borges es gesagt hat: »Die Welt hat ihren Zauber verloren. Man hat dich verlassen.«

Im Praxisalltag ist die Trauer ein fast ständiger Gast. Unweigerlich stellt sie sich bei den Sitzungen ein und erfüllt Patienten wie Analytiker mit einem schwer erträglichen Gefühl von Machtlosigkeit. Von unseren Patienten und von allem, was während der Analyse geschieht, kann sie vollständig Besitz ergreifen, folglich auch von uns Analytikern.

Während meines Studiums las ich mindestens zwanzigmal – immer in einem anderen Zusammenhang – Sigmund Freuds Aufsatz »Trauer und Melancholie«. Irgendwann bildete ich mir ein, ihn auswendig zu kennen. Der Praxisalltag hat jedoch gezeigt, dass alle Literatur der Welt nicht ausreicht, um uns darauf vorzubereiten, wie es ist, wenn wir es umittelbar mit der Trauer zu tun bekommen. Außerdem habe ich gelernt, dass die Trauer immer anders ist. Eigentlich müssten wir den Begriff Trauer im Plural verwenden, schließlich trauert nicht nur jeder Patient auf seine eigene Weise, sondern auch bei jedem Verlust anders.

Diese Geschichte beginnt in Buenos Aires. Genauer gesagt, spätnachts an einem heißen Dezembertag in der Avenida de Mayo 800. Ich bereitete mich gerade auf die nächste Folge einer Reihe von Radiosendungen vor, an denen ich damals mitarbeitete. Dabei stand ich an der Theke des berühmten Gran Café Tortoni, von dem aus die Sendung direkt übertragen werden sollte, und unterhielt mich mit einem der Kellner.

Da trat eine kleine, sehr elegante Frau mit dunklem Teint auf mich zu und fragte, ob sie einen Augenblick mit mir reden könne. Ich willigte ein, und wir führten ein kurzes Gespräch.

»Herr Rolón, entschuldigen Sie die Störung, ich weiß, Sie sind gerade mit anderen Dingen beschäftigt. Aber ich würde gerne Ihre Praxis aufsuchen.«

»Sehr gerne.«

Auf der Suche nach einer Visitenkarte durchwühlte ich meine Taschen. Als ich schließlich eine gefunden hatte, überreichte ich sie der Frau.

»Danke, aber wenn es Ihnen nichts ausmacht, würde ich mir lieber bloß Ihre Telefonnummer notieren.«

»Bitte schön«, erwiderte ich und diktierte ihr die Nummer.

»Im Januar bin ich verreist, aber nach meiner Rückkehr rufe ich Sie an, um einen Termin zu vereinbaren.«

»Wie Sie wünschen«, erwiderte ich lächelnd.

Aus irgendeinem Grund mochte ich diese Frau. Auch wenn man ihr eine gewisse Aufregung anmerkte, war sie entschlossen und zugleich sehr respektvoll auf mich zugetreten. Aus einigen Metern Entfernung wurde sie dabei von zwei jungen Leuten beobachtet. Wie ich später erfahren sollte, handelte es sich um ihre Kinder.

Sie blieb bis zum Ende der Sendung, und beim Hinausgehen verabschiedeten wir uns voneinander.

»Ich melde mich ganz bestimmt«, sagte sie zum Abschied.

»Einverstanden, dann warte ich also auf Ihren Anruf.«

In Wirklichkeit war ich mir aber keineswegs sicher, dass sie sich melden würde. An dieser Stelle muss ich wohl etwas gestehen: Auch Psychologen, ich zumindest, laufen Gefahr, ihren Klischees zu erliegen. So wie die Leute eine bestimmte Vorstellung davon mit sich herumtragen, wie ein Psychoanalytiker zu sein hat, tragen auch wir manchmal eine Vorstellung mit uns herum, wie unsere Patienten zu sein haben. Im besonderen Fall der Psychoanalyse stellen wir uns den »guten Analysanden« als jemanden zwischen fünfundzwanzig und fünfzig vor, der studiert hat oder sich noch im Studium befindet und darüber hinaus eine Reihe weiterer spezifischer Merkmale aufweist.

Amalia entsprach dieser Vorstellung nicht. Im Gegenteil, sie wirkte wie eine Hausfrau, die sich vor allem um ihren Mann und um ihre Kinder kümmert. Eine besondere Neigung, sich den Dingen analytisch zu nähern, war ihr dagegen nicht anzumerken.

Doch da täuschte ich mich – diese Frau sollte mir als Patientin so manche Überraschung bereiten.

Etwa zwei Monate später rief sie in meiner Praxis an.

»Guten Tag, Herr Rolón, ich bin es, Amalia.«

Ich sagte nichts. An dem Abend vor mehr als acht Wochen hatte ich sie nicht einmal gefragt, wie sie hieß, weshalb ich mich jetzt auch vergeblich bemühte, dieser Stimme ein Gesicht zuzuordnen. Aber wie später noch so oft machte sie es mir auch diesmal leicht:

»Erinnern Sie sich an mich? Ich habe mir vor ein paar Wochen im Café Tortoni von Ihnen die Telefonnummer geben lassen.«

»Ach ja, natürlich. Entschuldigen Sie. Wie geht es Ihnen?«

»Danke, gut. Ich wollte fragen, ob wir jetzt einen Termin vereinbaren können.«

»Ja, selbstverständlich. Einen Augenblick, ich sehe mal eben in meinem Kalender nach, also... Wie wäre es nächsten Mittwoch um zehn?«

»Wann immer Sie wollen.«

Resolut. Entschlossen. Klar und eindeutig. Lauter Charaktereigenschaften von ihr, denen ich in den folgenden Jahren immer wieder begegnen sollte.

»Gut, dann sehen wir uns am Mittwoch.«

»So ist es, danke, Herr Rolón.«

Oft sprechen meine Patienten mich zu Beginn mit meinem Nachnamen an. Meistens ändert sich das aber schon nach der ersten Sitzung, und sie verwenden den Vornamen. Nicht so jedoch im Fall von Amalia. Obwohl wir schon seit Jahren zusammen arbeiten und uns sehr schätzen gelernt haben, hat sie meinen Nachnamen stets beibehalten.

Selbst wenn sie mit meiner Arbeit einmal nicht einverstanden ist, sagt Sie nur: »Gehen Sie mir nicht auf die Nerven, Rolón.«

Bei ihrem ersten Besuch klingelte sie um Punkt zehn an der Tür meiner Praxis. Wie sie später sagte, war sie zwar schon ein paar Minuten zuvor angekommen, hatte dann jedoch exakt bis zur ausgemachten Uhrzeit gewartet.

Sie hielt ein Buch in der Hand. Ich versuchte zu erkennen,

welcher Titel darauf stand – es ist immer hilfreich zu wissen, wofür ein möglicher Patient sich interessiert. Sie bemerkte mein Interesse und legte das Buch, als sie sich mir gegenübersetzte, so auf den Tisch, dass ich die Vorderseite deutlich erkennen konnte. Es handelte sich um ein Buch über argentinische Geschichte.

»Interessieren Sie sich für Geschichte?«

»Natürlich. Ich staune immer wieder, was unser Land alles durchmachen musste. Und ich begreife nicht, warum man von manchen Leuten nicht klar und deutlich sagt, was für Verbrecher sie waren, sondern stattdessen sogar Straßen nach ihnen benennt.«

Ich deutete ein Lächeln an, während ihr Charakter für mich allmählich Gestalt annahm: Temperamentvoll. Leidenschaftlich. Die ersten Eindrücke von einem Patienten können manchmal unglaublich hilfreich sein. Deshalb achte ich darauf auch immer ganz besonders.

Wenn ich jemanden zum ersten Mal in meiner Praxis empfange, habe ich für gewöhnlich ein Rätsel vor mir. Ich muss versuchen, diesem Rätsel so offen und aufmerksam wie möglich gegenüberzutreten, und ich darf mit dem, was ich tue, nicht allzu sehr auf das einwirken, was er oder sie sagt. Umso mehr muss ich darauf achten, was und wie ich selbst etwas sage.

Bekanntermaßen geben wir Psychoanalytiker kein Gesprächsthema vor, erst recht nicht in der ersten Sitzung. Wir überlassen es vielmehr den Menschen (nennen wir sie noch nicht Patienten), die zu uns kommen, anzusprechen, was auch immer sie gerade bewegt. Richtig ist allerdings auch, dass man das auf viele verschiedene Arten machen kann. Manche Analytiker sehen ihr Gegenüber bloß an und warten schweigend ab, was kommt. Andere fordern sie mit möglichst neutralen Formulierungen zum Sprechen auf: »Na gut, dann sehen wir doch mal...«, »Bitte schön...«, »Ich bin ganz Ohr...« und dergleichen.

Ich bemühe mich jedes Mal – auch wenn ich selbstverständlich kein Gesprächsthema vorschlage –, von Beginn an zu erkennen zu geben, dass das, was meinem Gegenüber gerade widerfährt, mir wichtig ist, und dass ich ihm aufmerksam zuhöre und ihm wirklich gerne helfen möchte. Deshalb sage ich am liebsten Dinge, die nicht gleich einen Dialog eröffnen, dafür aber von Anfang an unmissverständlich zu verstehen geben sollen, dass ich mich meinem Gegenüber mit meiner ganzen Person verpflichtet fühle. Der andere soll wissen, dass er für mich keine Nummer ist, sondern eine unverwechselbare Persönlichkeit, der zu helfen mir ein ernsthaftes Anliegen ist.

»Also gut, Amalia, dann erzählen Sie doch bitte einmal.«

So leitete ich unsere erste Sitzung ein. Und auch wenn man als Analytiker, wie oben gesagt, so offen und aufmerksam wie möglich dafür sein sollte, was der andere einem mitteilen möchte, ist es manchmal doch unvermeidlich, dass man sich gleich aufgrund des ersten Eindrucks ein bestimmtes Bild von diesem Menschen zurechtlegt.

Im Fall Amalias erwartete ich folglich, dass sie, zum Beispiel, über die Schwierigkeit sprechen würde, mit der jüngeren Generation – in Gestalt ihrer Kinder – zurechtzukommen; oder über das Problem, angesichts ihrer möglicherweise bevorstehenden Pensionierung nicht zu wissen, womit sie sich künftig beschäftigen solle, beziehungsweise über die Depression, die dadurch vielleicht ausgelöst worden war.

Doch da täuschte ich mich erneut.

Amalia nahm das Buch, legte es zur Seite, sah mir in die Augen und fing an, eine wunderschöne traurige Liebesgeschichte zu erzählen.

»Ich habe Julio schon als Mädchen kennengelernt. Ich war damals vierzehn oder fünfzehn, und er schon ein erwachsener Mann um die dreißig. Schlank, elegant, schön und unglaublich versessen auf Frauen.« Sie sah mich an. »Sie können sich nicht vorstellen, wie verrückt er nach Frauen war. Aber ich war damals natürlich noch ein Kind.

Da unsere Familien miteinander befreundet waren, sahen wir uns regelmäßig: an Geburtstagen, zu Weihnachten, Neujahr und so weiter. Nie erschien er in Begleitung einer Frau und stellte uns auch keine Verlobte vor.« Sie lächelte. »Er verpflichtete sich keiner einzigen Frau gegenüber, um mit allen Frauen, die ihm gefielen, ausgehen zu können.«

»Wie alt waren Sie, als Sie anfingen, sich für Julio zu interessieren?«

»Das tat ich vom ersten Augenblick an. Als ich ihn sah, wusste ich: Das ist der Mann meines Lebens. Das habe ich hier ganz tief in meinem Inneren gefühlt.« Sie war so bewegt, dass sie nur mit Mühe weitersprechen konnte. »Als man ihn mir vorstellte, wurde ich bleich. Es traf mich mit voller Wucht. Ich bekam kaum den Mund auf.«

»Und er?«

»Jahre später gestand er mir, dass er sich bei meinem Anblick gesagt hatte: ›Was für ein hübsches Ding! Schade, dass sie noch so jung ist.‹ Und so war es ja auch, ich war noch ein Kind.«

»Na gut – wie man so sagt: ›Die Jugend ist eine Krankheit, die mit der Zeit vergeht.‹«

»Ja. Ob das allerdings wirklich so wünschenswert ist? Oder gibt es etwas Schöneres, als jung zu sein?« Das sagte sie nicht nur so dahin. Im Gegenteil, ich merke, wie nahe ihr dieses Thema ging.

»Stimmt. Andererseits hat jedes Alter seinen Reiz, finden Sie nicht?«

»Meinen Sie das ernst?«

»Selbstverständlich.«

»Erzählen Sie keinen Unsinn, Rolón. Warum sollte man sich wünschen, alt zu werden? Da tut man doch allen bloß leid und ist den Kindern eine Last. Nein, auf keinen Fall. Deshalb sage ich auch: ›Julio hat es richtig gemacht.‹ Er hat gelebt, solange er wollte, und dann ist er gegangen. Da war er noch jung und stark, und von all dem Unangenehmen, was das Alter mit sich bringt, war ihm nicht das Geringste anzumerken. Er war so intelligent ...«

»Aber ein bisschen länger hätte er schon an Ihrer Seite ausharren können, oder?«

Ihr traten Tränen in die Augen.

»Er ist immer noch an meiner Seite. Er verlässt mich keine Sekunde lang. Das ist ja mein Problem. Deshalb bin ich zu Ihnen gekommen. Ich muss endlich damit aufhören, so egoistisch zu sein.«

»Egoistisch?«

»Ja. Denn er hat genau das getan, was er wollte. Darum habe ich auch ein so schlechtes Gewissen: Trotz allem vermisse ich ihn so sehr, die ganze Zeit.« Sie konnte nicht weitersprechen, weil sie weinen musste. »Ich will das nicht, aber ich kann nichts dagegen machen: Ich brauche bloß seinen Namen auszusprechen, und schon fange ich an zu weinen. Ich weiß selbst nicht warum, schließlich geht es ihm da, wo er jetzt ist, viel besser.«

»Dafür geht es Ihnen aber vielleicht nicht so gut, oder?«

»Ja. Aber ist das nicht purer Egoismus?«

»Und wenn es so wäre – was wäre schlimm daran?«

»…«

»Amalia, ist es schlimm, wenn man sich wünscht, dass der Mensch, den man liebt, so lange wie möglich an seiner Seite bleiben soll?«

»Nein. Aber man muss trotzdem imstande sein, die Entscheidungen der anderen anzunehmen. Jeden Tag, den ich lebe, sehne ich mich nach ihm. Trotzdem weiß ich, dass er das Richtige getan hat.«

»Weil er gestorben ist?«

»Nein, weil er nicht alt geworden ist. Wozu auch? Er hat immer zu mir gesagt: ›Amalia, man muss jung sterben.‹«

»Und die anderen können einem völlig egal sein, oder?«

»Warum sagen Sie das?«

»Amalia, wie alt waren Ihre Kinder, als Ihr Mann starb?«

»Romina war elf, und Sebastián zehn.«

»So klein, und trotzdem mussten sie schon ohne ihren Papa auskommen. Finden Sie das nicht hart?«

Ich drückte mich ganz bewusst so aus, um hervorzuheben, wie verlassen und schutzlos die Kinder sich beim Tod Julios gefühlt haben mussten.

»Doch, aber er wusste, dass ich es hinbekommen würde. Das hatte ich immer wieder bewiesen.«

Es ist sehr schwer, nahezu unmöglich, jemanden dazu zu bringen, dass er böse auf einen Menschen wird, den er einmal geliebt hat und der nun tot ist. Durch den Verlust scheint dessen Gestalt nur noch größer, ja zuletzt unantastbar zu werden, frei von jedem Makel. Ich wollte unbedingt erreichen, dass Amalia ihre Wut zuließ, und weil ich wie besessen von dieser Absicht war, hatte ich dann wohl nicht so genau darauf geachtet, was sie entgegnete: »Das hatte ich immer wieder bewiesen.« Was meinte sie mit »immer wieder«? Worauf bezog sie sich damit?

Zweifellos auf etwas, was vor dem Verlust ihres Mannes geschehen war. Aber so ist das eben: Wenn der Analytiker sich allzu sehr von einer bestimmten Idee in Besitz nehmen lässt, verliert er die Fähigkeit, genau zuzuhören. So ging es auch mir dieses Mal. Ich täuschte mich. Erst später sollte ich meinen Irrtum bemerken.

Ich nahm Amalia ohne zu zögern als Patientin an. Sie war intelligent, sensibel und hatte einen starken – manchmal vielleicht etwas zu starken – Charakter. Die Arbeit mit ihr erwies sich jedenfalls von Anfang an als sehr angenehm.

Trotzdem fiel es mir schwer, ihr aufmerksam zuzuhören.

Wenn ich nach unseren Sitzungen den Ablauf noch einmal in Gedanken durchging, musste ich mir zu meinem

Ärger immer wieder eingestehen, dass ich etwas übersehen hatte. Bis mir irgendwann klar wurde, dass das damit zu tun haben musste, dass zwischen Amalias und meiner Geschichte offensichtlich eine Verbindung bestand. Eben deshalb gelang es mir nicht, in der nötigen Klarheit zu erkennen, was sie mir sagte. Doch worin bestand diese Verbindung?

Eines Tages bekam ich eine Antwort auf diese Frage. Amalia sprach wieder einmal über Julio, und wie fast immer wurde sie von ihrem Kummer überwältigt.

»Oft vermisse ich ihn so sehr, dass ich das Gefühl habe, ich halte das nicht mehr aus. Ich muss dann unbedingt seine Haut an meiner Haut spüren, ich möchte mich an seine Brust lehnen und wieder seinen Geruch einatmen. Nie wieder habe ich mich so glücklich gefühlt, wie wenn ich ihn berührt und ihn geliebt habe. Rolón, ich bin sehr früh Witwe geworden und danach nie mehr mit einem Mann zusammen gewesen. Ich kann es mir einfach nicht vorstellen, die Haut von jemand anderem als Julio zu berühren. Ich weiß, ich werde allein sterben und nie wieder die Frau von jemandem sein. Aber das ist wohl der Preis dafür, dass ich so sehr geliebt habe und so glücklich gewesen bin.«

Ich sah sie an und auf einmal war mir alles klar: *Vor mir saß nicht Amalia. Ich hatte mich die ganze Zeit, ohne es zu merken, mit meiner Mutter unterhalten.* Deshalb hatte ich mich so machtlos gefühlt, deshalb hatte ich sie unbedingt von ihrer Trauer befreien wollen, die niemals ein Ende fand, deshalb hatte ich dazu beitragen wollen, dass sie aufhörte, ihren so früh verstorbenen Mann zu beweinen. Deshalb war ich unfähig gewesen, ihr wirklich zuzuhören.

Sie hatte in meiner Praxis mein eigenes Familiendrama heraufbeschworen, deshalb konnte ich ihren Fall nicht angemessen analysieren: Während der ganzen Zeit hatte ich ihr zugehört, als wäre ich ihr Sohn.

Das zu begreifen war ziemlich hart für mich. So hart, dass ich die Sitzung abbrechen musste.

»Amalia, ich muss Ihnen etwas sagen: Ich bitte Sie, es für dieses Mal gut sein zu lassen, aber nicht Ihretwegen, sondern meinetwegen.«

»Ist etwas, Rolón?«

»Ja, ich habe gemerkt, dass ich, wenn ich Ihnen zuhöre, immer wieder an meine Eltern denken muss. Und das bekümmert mich und macht mich wütend. In diesem Zustand kann ich Ihnen nicht helfen. Also entschuldigen Sie bitte – mir wäre es jedenfalls lieber, wir würden erst nächste Woche weitermachen.«

»Natürlich, ist doch völlig in Ordnung. Würden Sie denn verraten, wer von Ihren Eltern Sie so wütend macht?«

»Beide. Mein Vater, weil er so früh gestorben ist, und meine Mutter, weil sie nie damit fertig geworden ist und den Rest ihres Lebens nur noch getrauert hat. Aber mehr sollte ich Ihnen nicht darüber erzählen, das wäre nicht gut. Ich hoffe jedenfalls, Sie können mich verstehen und nehmen es mir nicht übel.«

»Das wäre ja noch schöner. Auch Psychologen sind schließlich Menschen mit ihrer eigenen Geschichte, oder?«

»Ganz genau«, sagte ich und brachte sie zur Tür.

Zu Beginn der nächsten Sitzung wollte ich mich erneut entschuldigen, doch Amalia hielt mich zurück:

»Aber ich bitte Sie, als Sie das letzte Mal von Ihrem Vater erzählt haben, ist mir bewusst geworden, dass ich mit Ihnen nie über meinen eigenen Vater gesprochen habe.«

Sie hatte recht. Ich hatte allerdings auch nie nach ihm gefragt. Kein Wunder – nachdem ich sie die ganze Zeit nur als Mutter gesehen hatte, war ich nicht einmal auf den Gedanken gekommen, dass sie selbst ja auch eine Tochter war.

»Mein Vater«, fuhr sie fort, »ist ebenfalls sehr jung gestorben, genau wie Julio. Er arbeitete in einer Fabrik und hatte Bluthochdruck. Eines Tages erlitt er einen Herzinfarkt. Am Morgen verließ er das Haus, um zur Arbeit zu gehen, und als ich ihn das nächste Mal wiedersah, lag er in einem Sarg und war tot.«

»Wie alt waren Sie da?«

»Fünf.«

Amalia hatte nur zwei oder drei genauere Erinnerungen an ihren Vater. So wusste sie noch, wie er sie einmal morgens – er war ihr riesig vorgekommen – sanft hochgehoben und geküsst hatte. Er war gerade dabei gewesen, sich zu rasieren, weshalb sie anschließend lauter Schaum im Gesicht gehabt hatte.

»Ich muss sehr komisch ausgesehen haben, denn er fing an, laut zu lachen. Die Feuchtigkeit im Gesicht spüre ich noch heute. Das war ein sehr glücklicher Moment.«

Seit wir uns kannten, hatte sie oft und viel wegen Julio geweint, aber nie hatte ich sie so bekümmert erlebt wie jetzt, als es um ihren Vater ging. Ich konnte nachempfinden, wie verlassen sie sich damals, als kleines Mädchen, gefühlt haben musste, und ich spürte, dass sich auf einmal in meinem Inneren etwas löste – ab jetzt war ich vielleicht wirklich in der Lage, ihr zu helfen. Und es war bestimmt kein Zufall, dass ich auf einmal wieder an den Satz »Das hatte ich immer wieder bewiesen« denken musste.

»Wie ging es danach weiter?«

»Wir blieben zu dritt zurück, ohne ihn – meine Mutter, mein jüngerer Bruder und ich. Und ich hatte das Gefühl, dass ich mich von jetzt an um die Familie kümmern musste.«

»Mit fünf?«

»Ja, so habe ich das empfunden, glauben Sie mir. Mein Bruder hatte damals gerade erst angefangen zu laufen, und meine Mutter wirkte so schwach und zerbrechlich, dass mir klar war, dass ich den Platz meines Vaters würde einnehmen müssen. So war es dann auch – ich wurde zum ›Beschützer der Familie‹.«

Sie fing an, verzweifelt zu weinen.

»Anders gesagt, als Ihr Mann starb, mussten Sie diese Erfahrung erneut durchmachen.« Sie nickte. »Und deshalb konnten Sie wohl auch nicht böse auf Julio sein, nehme ich an, denn dann hätten Sie ja auch auf Ihren Vater böse sein müssen. Und das konnten Sie sich unmöglich eingestehen.«

»Meinen Vater habe ich nur fünf Jahre lang gehabt, Rolón, aber er war das Wichtigste in meinem ganzen Leben.«

Das war eine sehr harte Aussage.

»Lassen wir es für heute genug sein, Amalia«, sagte ich.

»Ist etwas mit Ihnen?«
»Nein, Amalia. Diesmal geht es mir um Sie.«

Seit dieser Sitzung fing sie nicht mehr wie automatisch an zu weinen, wenn es um Julio ging, und so ließen wir nun gemeinsam die Geschichte ihrer leidenschaftlichen Liebe Revue passieren. Zu weinen begann sie dafür jetzt, wenn wir auf ihren Vater zu sprechen kamen. Trotzdem verteidigte sie weiterhin die Auffassung, es sei »intelligent, früh zu sterben«. Was andererseits durchaus nachvollziehbar war: Die zwei wichtigsten Männer ihres Lebens waren früh gestorben, und Amalia war noch nicht so weit zu erkennen, dass es sich hierbei nicht um eine intelligente Entscheidung, sondern um eine Tragödie gehandelt hatte, schließlich waren die beiden von ihr so idealisierten Männer keineswegs Herren ihres Schicksals gewesen, sondern bloße Opfer der Umstände.

Damals gab es zwei Dinge, an denen wir arbeiten mussten: Zum einen wollte sie nicht, dass ihr Sohn, der ausgezogen war, sie besuchen kam. Zum anderen überwarf sie sich mit ihrer Mutter.

»Sebastián sagt, ich wolle nicht, dass er zu mir nach Hause kommt. Das sei meine Strafe dafür, dass er ausgezogen ist. Das stimmt aber nicht.«

»Sicher nicht?«

»Ja, Rolón. Es stimmt, ich bin nicht besonders scharf darauf, dass er kommt. Aber das liegt daran, dass ich nicht möchte, dass er sich zusätzlich Mühe macht. Er arbeitet den ganzen Tag und kommt danach müde nach Hause. Warum soll er dann noch extra den ganzen Weg bis zu mir auf sich nehmen? Ich kann doch genauso gut zu ihm kommen. Normalerweise komme ich zusammen mit Romina, dann bringen wir ihm auch etwas zu essen mit, ich räume ein bisschen bei ihm auf, und so kann er sich gleich nach dem Essen hinlegen und ausruhen. Im Augenblick ist er sehr gestresst. Sie wissen ja, es gibt bestimmte Zeiten, in denen Buchhalter wahnsinnig viel zu tun haben. Ich will ihm bloß helfen, das ist alles.«

»Wann haben Sie ihn denn das letzte Mal zu sich nach Hause eingeladen?«

»Ich weiß nicht, so genau merke ich mir das nicht.«

»Amalia, jetzt gehen Sie mir bitte nicht auf die Nerven! Also, wie lange ist es her?«

»Ich weiß nicht, ungefähr drei Monate.«

»Eine ganz schön lange Zeit, finden Sie nicht?«

»Jetzt, wo Sie es sagen, ja. Aber ich schwöre, ich bin nicht böse auf ihn, nur weil er ausgezogen ist. Im Gegenteil, ich möchte, dass meine Kinder ihr eigenes Leben führen und selbstständig werden. Sie wissen ja, wie ich denke. Ich kann jeden Augenblick sterben, und meine Kinder sollen darauf vorbereitet sein. Deshalb macht es mir auch nichts aus, allein zu leben, wirklich nicht. Warum ich nicht möchte, dass er zu mir kommt, weiß ich aber auch nicht«, gestand sie unwillkürlich.

Mehrere Sitzungen arbeiteten wir an diesem Thema, bis es irgendwann zu einem typischen »Versprecher« Amalias kam.

»Ich habe mich mit Romina gestritten.«

»Warum?«

»Sie wissen ja, dass sie eine sehr enge Beziehung zu ihrem Bruder hat. Na gut, neulich meinte sie jedenfalls, ich soll ihn doch mal zum Abendessen einladen, aber nachdem ich ja immer sage, ›ich möchte nicht, dass er geht‹, habe ich Romina geantwortet, wir sollten lieber irgendwo im Restaurant essen. Und da…«

»Amalia, haben Sie gemerkt, was Sie gerade gesagt haben?«

»Was denn?«

»Dass Sie nicht möchten, ›dass er geht‹.«

»Nein, ich habe gesagt, ich möchte nicht, dass er kommt.«

»Nein, Amalia, das *wollten* Sie sagen, aber gesagt haben Sie genau das Gegenteil. Also: Warum möchten Sie nicht, dass ihr Sohn geht?«

Diese und die nächste Sitzung waren sehr hart. Wir sprachen über viele Dinge und kamen zu folgendem Ergebnis: Was Amalia in Wirklichkeit Kummer bereitete, war nicht die Tatsche, dass ihr Sohn sie besuchen kam, sondern der Augenblick, in dem er wieder fortging.

»Amalia, Ihr Vater verließ das Haus und kehrte als Toter zurück, im Sarg. Julio ging weg, und später rief man Sie aus dem Krankenhaus an, weil er einen Infarkt gehabt hatte. Das heißt aber nicht, dass sich das bei jedem anderen Menschen so wiederholen muss. Sie haben das Gefühl, wer von Ihnen weggeht, kehrt nicht mehr zurück, und genau deshalb möchten Sie nicht, dass Ihr Sohn zu Ihnen kommt, denn irgendwann muss er ja wieder gehen. Und wenn Sie sich dann von ihm verabschieden, haben Sie unbewusst Angst, dass es für immer ist. Ich glaube, es wäre gut, Sie würden ihn öfter einladen. Dann könnten Sie feststellen, dass es sehr wohl Menschen gibt, die weggehen, ohne gleich zu sterben.«

Amalia war eine großartige Patientin. Mutig drang sie auf das Gebiet ihres Unbewussten vor und stellt sich ihren Gespenstern so entschlossen, wie sie sich immer schon dem Leben gestellt hatte. Es gelang ihr, die Befangenheit gegenüber ihrem Sohn abzulegen. Anschließend versuchten wir gemeinsam herauszufinden, weshalb sie böse auf ihre Mutter war. Doch da erfuhr sie von der Erkrankung ihrer Tochter Romina.

»Herzlichen Glückwunsch. Da müssen Sie ja hochzufrieden sein.«

»Rolón, Sie sind wirklich ein Schwein.«

Schweigen.

»Warum? Haben Sie nicht selbst immer gesagt, man soll früh sterben, intelligente Leute würden das so machen? Dann sagen Sie mir jetzt: Möchten Sie, dass Ihre Tochter so früh stirbt?« Sie weinte. »Nehmen Sie es an, Amalia: Ihr Vater und Julio waren nicht intelligent. Vielleicht haben Sie nicht genügend auf sich aufgepasst, vielleicht war es Schicksal, ich weiß es nicht. Ich weiß nur, dass sie nicht aus freiem Entschluss gestorben sind. Im Gegenteil, Ihnen ist etwas Schreckliches passiert. So wie es jetzt Romina ergeht. Aber sie ist noch am Leben, verstehen Sie? Und deshalb werden wir jetzt auch nicht so tun, als wäre sie schon tot. Ihre Tochter braucht Sie an ihrer Seite, hier, mitten im Leben. Was werden Sie also tun?«

»Gemeinsam mit ihr kämpfen, in jeder Hinsicht. Alles dafür geben, dass sie wieder gesund wird.«

Ich gehe zu ihr und streiche ihre Wange.

»Dann wird das Schwein Rolón Sie ab sofort mit aller Kraft unterstützen.«

Es war eine äußerst harte Zeit für Amalia. Wir sprachen viel über ihre so lange aufrecht erhaltene Ansicht über das Sterben, und es gelang ihr, noch viele andere ihrer Vorstellungen infrage zu stellen.

Irgendwann räumte sie ein, dass sie ihrem Vater und ihrem Mann gegenüber eine seltsame Mischung aus Liebe und Vorwurf empfand, weil beide sie verlassen hatten, als sie selbst noch so jung war. Außerdem gelang es ihr, sich mit ihrer Mutter auszusöhnen, und sie lernte, Dankbarkeit dafür zu empfinden, dass diese als Einzige ihr ganzes bisheriges Leben an ihrer Seite gewesen war.

»Ich liebe meine Mutter, Rolón.«

»Ich weiß. Ich habe es immer gewusst, und Sie auch, Amalia.«

»Ja. Ich war böse auf sie, weil sie meinem Ideal nicht entsprach und immer älter wurde. Aber das stimmt gar nicht, in Wirklichkeit war ich nicht böse, sondern ich hatte Angst. Ich hatte Angst, weil ich weiß, dass sie mich schon bald für immer verlassen wird.«

»Das stimmt, Amalia. Aber so ist das Leben. Außerdem hat Ihre Mutter sie wirklich ein langes Stück Ihres Weges begleitet.«

»Ja, das ist wahr. Inzwischen bin ich selbst eine alte Frau.

Und ich sollte wirklich dankbar sein, dass ich sie so lange erleben durfte.«

Ich nickte schweigend.

Eines Tages erschien Amalia mit Tränen in den Augen und einem freudig bewegten Ausdruck im Gesicht in meiner Praxis.

»Rolón, wir haben die Ergebnisse der letzten Untersuchung bekommen.« Sie umarmte mich und fing an zu weinen. »Alles ist gut, Romina ist geheilt!«

Ich drückte sie fest. Auch ich war tief bewegt.

Zehn Tage später starb ihre Mutter.

»Was soll ich sagen, ich vermisse sie sehr. Ich weiß, sie war schon sehr alt, aber sie war auch meine Mutter.«

Ich war froh, als ich sie so sprechen hörte. Trotz des Schmerzes. So ist es nun einmal, wenn man um jemanden trauert.

Zwei Monate später führten wir die folgende Unterhaltung:

»Rolón, ich würde Sie gerne etwas fragen. Vielleicht ist es Ihnen unangenehm, sich dazu zu äußern, aber wie auch immer, es geht jedenfalls um etwas, was ich fühle.«

»Bitte, sprechen Sie weiter, Amalia.«

»Nächsten Samstag ist mein Geburtstag. Ich werde siebzig. Ich weiß nicht, ob es richtig ist, ihn zu feiern, obwohl meine Mutter erst vor Kurzem gestorben ist. Was meinen Sie?«

»Ich finde, das ist eine sehr gute Idee.«

»Nur etwas ganz Kleines, Intimes, für meine liebsten

Menschen.« Sie lächelte mich an. »Ich weiß, normalerweise macht man das nicht, aber ... Sie sind für mich sehr wichtig. Und was soll ich sagen? Sie mögen ja vielleicht ein Schuft sein, aber ich habe Sie sehr gern.« Wir lachten. »Ich würde mich jedenfalls freuen, wenn Sie an dem Abend dabei wären.«

Ich sah sie an und wusste nicht, was ich sagen sollte. Doch beim Anblick ihrer Augen bekam ich auf einmal allergrößte Lust, an der Feier teilzunehmen.

»Einverstanden, ich komme«, sagte ich schließlich, und sie sah mich dankbar an.

An dem Abend saßen wir lange nebeneinander und unterhielten uns ganz entspannt. Zwischen mir und den anderen Gästen machte sie keinen Unterschied. Und sie war sehr bewegt. Bestimmt dachte sie an ihre Mutter, die nicht mehr da war, aber auch an ihre Tochter, die da war, obwohl bis vor Kurzem nicht einmal klar gewesen war, ob sie zu diesem Zeitpunkt noch am Leben sein würde.

Irgendwann hatte ich dann das Gefühl, es sei Zeit zu gehen. Wir hatten uns beide alles gesagt, was wir sagen wollten. Ich trat zu ihr, um mich zu verabschieden.

»Einen Augenblick, wir müssen noch anstoßen ...«

»Aber natürlich.«

Sie nahm zwei Gläser und gab eins davon mir. Ich hob mein Glas und sagte: »Auf Sie, Amalia.«

»Nein, Rolón.« Sie sah mir tief in die Augen und lächelte. »Auf das Leben.«

Der Pakt des Schweigens
Cecilias Geschichte

»Angst: Furcht vor allem, was sie benennt. Sie,
die Angst, will genau dies: Dass man nicht von ihr
spricht, oder, da ja doch sie selbst diejenige ist,
die dann spricht, dass nichts über sie gesagt wird.«

Maurice Blanchot

»Und, wie geht es Ihnen?«

»Es geht... ich bin ein wenig deprimiert.«

»Ist irgendetwas passiert? Wollen Sie darüber sprechen?«

»Ja. Ich habe meine Mama besucht.«

»Ah ja. Das haben Sie schon lange nicht mehr gemacht, oder?«

»Über zwei Jahre. Aber da wir jetzt ja an all dem arbeiten... Ich weiß auch nicht... Jedenfalls hatte ich auf einmal das Bedürfnis, sie zu sehen.«

»Und, wie war es?«

Schweigen.

»Schwierig... Es war ungefähr sechs Uhr abends, und es war kalt. Ich wusste nicht, wie ich mich fühlen würde, als ich hingegangen bin. Als ich da war, habe ich die Vase genommen, um das Wasser zu wechseln. Da habe ich ihr Foto auf der Steinplatte gesehen und...«

»Und was?«

»Dann habe ich die Vase auf das Grab geschleudert, und sie ist in tausend Stücke zerbrochen.«

Vor zwei Jahren kam Cecilia zum ersten Mal in meine Praxis. Als wir zwei Tage zuvor den Termin vereinbart hatten, hatte sie gesagt, sie wolle sich mit mir unterhalten, weil sie unter großen Ängsten leide.

Bei der Vorstellung war sie freundlich und drückte sich klar und einfach aus. Sie war achtunddreißig Jahre alt, hatte studiert und arbeitete zum einen als Angestellte – »mein Broterwerb«, wie sie es bezeichnete –, zum anderen übernahm sie freiberuflich Aufträge, die ihr mehr Spaß machten, weil sie mehr mit ihren eigenen Interessen zu tun hatten und ihre Kreativität forderten. Cecilia war Raumgestalterin und dekorierte Geschäfts- oder Privaträume für größere Festlichkeiten.

»Dann erzählen Sie doch mal, was bei Ihnen so los ist«, sagte ich zu Beginn.

»Ja, also ich höre immer Ihre Sendungen im Radio. Und ich habe das Gefühl, Sie sind offen für alles Mögliche und... na ja... also ich bin lesbisch.«

Sie schwieg. Als wollte sie abwarten, welche Wirkung ihre Worte bei mir hervorriefen. Ich sah sie an und gab ihr durch eine Handbewegung zu verstehen, dass sie weitersprechen sollte.

»Aber in der Hinsicht ist alles in Ordnung. Damit komme ich total klar. Sorgen macht mir eigentlich etwas anderes.«

»Und was ist das?«, fragte ich.

»Genaugenommen zwei Dinge. Zum einen mein Übergewicht.«

»Wiegen Sie denn wirklich zu viel?«

»Machen Sie sich über mich lustig? Sehen Sie mich doch an! Was meinen Sie?«

»Was ich meine spielt keine Rolle. Sagen Sie mir lieber, wie Sie sich selbst sehen und wie Sie sich dabei fühlen.«

Darauf achte ich sehr bei meiner Arbeit: Vielleicht war Cecilia tatsächlich zu dick, vielleicht auch nicht. Aber Formulierungen wie »Ja, ich sehe schon« oder »So schlimm ist das doch nicht« sind nicht gut für den Beginn einer Behandlung. Ich versuche stattdessen zunächst herauszufinden, wie mein Gegenüber sich selbst einschätzt. Oft haben wir nämlich eine Vorstellung von uns, die mit der Wirklichkeit nicht allzu viel zu tun hat. Eben deshalb bemühe ich mich, zu erkennen, wie es um das Selbstbewusstsein meines Patienten steht, wie er sich sieht und wie die anderen ihn seiner Meinung nach sehen.

»Ich finde mich total dick«, fuhr Cecilia fort. »So dick wie noch nie. Und hässlich, einfach das Allerletzte. Ich glaube, so finde ich nie wieder eine Partnerin und bleibe bis ans Ende meiner Tage allein.«

»Sie haben gerade gesagt: eine Partnerin ›finden‹ – haben Sie denn Ihre Partnerin verloren?«

»Ja, und das ist die andere Sache: Meine Freundin Mariel verlässt mich. Sie zieht in ein anderes Land. Und ich bleibe allein zurück.«

»Können Sie nicht mit ihr wegziehen?«

»Doch, aber das will ich nicht. Für mich ist meine Familie sehr wichtig. Und nur weil Mariel auf einmal von hier verschwinden will, gehe ich nicht weg.«

»Das heißt, Mariel verlässt Sie eigentlich nicht. Sie haben

vielmehr beschlossen, nicht mit ihr zu gehen, und so gesehen sind Sie diejenige, die die Beziehung beendet.«

»Tja, jetzt sprechen Sie wie sie. Genau das sagt sie auch immer. Aber was soll ich machen? Alles hinschmeißen und von hier weggehen?«

»Ich weiß nicht. Ich werde Ihnen nicht sagen, was Sie tun sollen. Es ist nicht mein Leben. Und nicht mein Schmerz. Alles, was ich tun kann, ist, Sie zu fragen, was Sie tun möchten.«

So begann meine gemeinsame Arbeit mit Cecilia. Allmählich lernte ich sie besser kennen. Ich erfuhr, dass ihre Mutter nicht mehr lebte, dass sie, Cecilia, sich geradezu wie eine Mutter um ihren Vater kümmerte, und dass sie mit einem Freund zusammenlebte, der Nacho hieß und ein »wirklicher Freund« war, wie sie sagte. Sie erzählte von ihrer Schwester, ihrer Familie, wie sehr sie alle zusammenhielten, von ihren Brüdern und von ihrer ›Schwester-Tante‹.

An die Sitzung, bei der wir über dieses Thema sprachen, erinnere ich mich noch genau. Sie erzählte gerade von einem großen Familienessen.

»Ich saß neben meiner Tante... Na ja, meiner Schwester, und da...«

»Entschuldigung«, unterbrach ich sie, »Tante oder Schwester?«

Sie schwieg, aber nur kurz. Dann erzählte sie weiter: »Ich weiß nicht, ob das für mich ein wichtiges Thema ist. Deshalb habe ich nie davon erzählt.«

»Na gut, heute ist es jedenfalls zur Sprache gekommen, und nachdem ich da, ehrlich gesagt, nicht ganz durchblicke, würde ich Sie bitten, wenn Sie nichts dagegen haben, mir die Sache vielleicht doch zu erklären.«

»Also gut, das ist so.« Wieder verstummte sie. Was irgendwie nicht ganz passte bei einem Thema, das angeblich für sie nicht wichtig war. »Als meine Mutter jung war, noch sehr jung« – offensichtlich wollte sie ihre Mutter in Schutz nehmen –, »da bekam sie eine Tochter. Sie können es sich ja vorstellen, zu der Zeit war das natürlich eine Riesenschande, ein Drama für die ganze Familie. Jedenfalls haben meine Großeltern das Kind angenommen, und für meine Mutter war die Kleine von da an wie eine Schwester. Ich habe immer Tante zu ihr gesagt. Für mich ist sie auch eine Tante.«

»Aber sie weiß, wie es in Wirklichkeit war?«

»Alle wissen es. Aber wir haben beschlossen, nicht darüber zu sprechen. Und das klappt auch ziemlich gut. Ich weiß, eigentlich ist das totaler Mist, aber naja… es funktioniert eben. Ist es jetzt klar?… Kann ich weitersprechen?«

Das war alles.

Sie schüttelte das Thema ab, als handelte es sich um eine bloße Lappalie. Es schien sie nicht im Geringsten zu berühren. Es war, als hätte sie mir aus bloßer Gefälligkeit davon erzählt. Dieses »Familiengeheimnis« musste aber Auswirkungen auf ihr Gefühlsleben haben, da war ich mir ganz sicher. Nur wusste ich nicht, welcher Art diese Auswirkungen waren.

Mariel zog nach Europa, und schon wenige Wochen später begann Cecilia eine Beziehung mit Sofía, einer etwas älteren Frau, die zwei Kinder hatte.

»So schwierig war es also doch nicht, eine neue Partnerin zu finden«, sagte ich dazu.

»Ja ... aber es ist nicht dasselbe.«

»Warten Sie doch etwas ab. Vielleicht wird ja noch so eine gute Beziehung daraus wie mit Mariel.«

»Das ist es nicht – für mich ist es jetzt schon besser als mit Mariel, vor allem in sexueller Hinsicht. Da ist es total super.«

»Aber?«

»Mariel kannten alle aus meiner Familie, sie war bei jedem Familientreffen dabei und sie war völlig integriert. Sie war einfach eine von uns.«

»Und jetzt fällt es Ihrer Familie schwer, hinzunehmen, dass Sie eine neue Partnerin haben.«

Sie lächelte.

»Nein, sie haben ja nie gewusst, dass Mariel und ich zusammen sind. Für sie war sie immer nur eine Freundin von mir, sonst nichts. Allmählich war sie dann auch die Freundin meiner Kusinen und meiner Brüder und schließlich von uns allen.«

»Hat denn keiner gemerkt, was wirklich los war?«

Sie sah mich an. »Gabriel, wir sind doch erwachsene Leute. Natürlich haben alle Bescheid gewusst. Aber ich habe Ihnen ja schon gesagt, über manche Sachen spricht man bei uns nicht.«

»Ja, klar, und nachdem Mariel, wie Sie auch gesagt haben, schon längst ›eine von Ihnen‹ war, hat sie sich perfekt in die Familienstruktur eingefügt, oder?«

»Genau. Bei Sofía ist das dagegen ganz anders. Und das macht die Sache wahnsinnig kompliziert.«

Wir setzten die Behandlung fort und arbeiteten viel. Auch wenn Cecilias Beruf es mit sich brachte, dass wir immer wieder Sitzungen verschieben oder ganz ausfallen lassen mussten, war sie immer sehr engagiert und zuverlässig bei der Sache. Die Tätigkeit als Dekorateurin tat ihr ausgesprochen gut, sie zog viel Freude und Bestätigung daraus, deshalb nahm ich die Unterbrechungen, die sich daraus ergaben, auch gerne in Kauf. Davon abgesehen, gab sie jedes Mal rechtzeitig Bescheid, wenn sie zu einem Termin nicht kommen konnte.

Als dann jedoch volle zwei Wochen ohne ein einziges Treffen verstrichen waren, klagte sie selbst über dieses Problem. Und damit begann unsere bis dahin vielleicht wichtigste Sitzung:

»Wir hatten ja ausgemacht, dass ich darüber nachdenken soll, wieso ich es nicht schaffe, abzunehmen. Also habe ich nachgedacht, bin aber zu keiner genialen Schlussfolgerung gekommen. Jedenfalls ist es wirklich totaler Mist, dass ich manchmal so lange nicht kommen kann, denn dann denke ich zwar über vieles nach, aber bis zum nächsten Treffen vergesse ich wieder, was ich mir überlegt habe.« Sie machte eine kurze Pause. »Ich weiß auch nicht mehr, wie ich eigentlich darauf gekommen bin, aber inzwischen bin ich auf jeden Fall der Meinung, dass es letztlich darauf hinausläuft, dass ich deswegen so dick bin, weil ich lesbisch bin.«

»Weil Sie lesbisch sind?«, fragte ich. Zum ersten Mal gestand sie zu, dass dieses Thema eine Beziehung zu ihren gegenwärtigen Problemen haben könnte.

»Ja. Fragen Sie mich nicht, wie zum Teufel ich darauf gekommen bin – ich weiß es selbst nicht mehr. Trotzdem habe ich manchmal das Gefühl, dass es der Schlüssel für alles andere ist.«

»Was denn jetzt?«

»Das ewige Geheimhalten. Ich ertrage es einfach nicht mehr.«

»Heißt das, Sie haben das Bedürfnis, darüber zu sprechen?«

»Also ... ich glaube, ja. Ich meine, ich habe nicht vor, eine Anzeige in der Zeitung zu veröffentlichen, in der ich verkünde: ›Ich stehe auf Frauen.‹ Nur damit ich die ständige Fresslust loswerde. So funktioniert das nicht, oder?«

»Da haben Sie recht. Normalerweise gibt es da keine unmittelbare Verbindung, und es ist auch nicht so einfach.«

»Das habe ich befürchtet«, sagte sie lächelnd. »Jedenfalls, ich habe also darüber nachgedacht und bin irgendwie zu dem Schluss gekommen, dass ich mich wohler fühlen würde – nicht mit allen, aber zumindest mit ein paar Leuten –, wenn ich mich so zeigen könnte, wie ich bin. Das Gefühl wird irgendwie immer schwerer zu ertragen, dass man unbedingt ...«

»Was heißt ›man‹?« Sie sprach gerade von sich selbst, da durfte ich ihr so eine Formulierung nicht durchgehen lassen.

»Stimmt. Also, *ich* habe das Bedürfnis, dass die Leute wissen sollen, wer und wie ich bin. Das ist komisch, denn normalerweise ist mir scheißegal, was die anderen im Bett treiben. Ich verlange von niemandem, dass er mir sein Leben erklärt oder warum er irgendwas tut – das mache ich ja auch selbst nicht, in keiner Weise. Aber wenn es um etwas so ...

hm ... etwas so Wichtiges geht, dann habe ich doch dieses Gefühl. Eben dass die Leute wissen sollten, mit wem sie es in meinem Fall zu tun haben. Sonst bekomme ich irgendwie nichts mehr auf die Reihe. Ich weiß auch nicht, vielleicht bringt das auch gar nichts, aber ich habe jetzt jedenfalls dieses Bedürfnis, warum auch immer. Wenn ich auf Männer stehen würde, käme ich wahrscheinlich nie auf die Idee, zu sagen: ›Hört mal her, ich steh auf Kerle.‹«

»Wie auch immer, heute würde ich lieber nicht darüber sprechen, ob es Sie stört oder ärgert, dass Sie zu den ›seltsamen‹ Menschen gehören, die gleichgeschlechtlich lieben. Ich fände es besser, Sie würden stattdessen noch ein bisschen genauer erklären, was genau im Augenblick in Ihnen vorgeht.«

»Was in mir vorgeht? Ja, also man spricht mit den Leuten, und alle versuchen so zu tun, als wäre das alles eigentlich gar nichts Besonderes. Und trotzdem musst du die Dinge erklären. Während man das, was weder ›seltsam‹ noch ›abweichend‹ ist, nie zu erklären braucht.«

»Moment, hiermit sollten wir uns vielleicht noch ein bisschen mehr beschäftigen. Denn das, was Sie ›erklären‹ nennen, sollte man vielleicht besser als ›rechtfertigen‹ bezeichnen. Auch wenn es gar nichts zu rechtfertigen gibt, im Gegenteil, eigentlich geht es doch bloß darum, die Wahrheit klarzustellen.«

»Genau. Bloß denken die Leute normalerweise nicht daran, dass der Mensch vor ihnen selbst homosexuell sein könnte, und das spielt in diesem Zusammenhang, glaube ich, eine wichtige Rolle: Ich tue mich jedenfalls nicht so leicht damit und ich bin auch nicht unbedingt stolz darauf.

Trotzdem, wenn das wirklich der Grund dafür sein sollte, dass ich ständig Essen in mich hineinstopfe, wäre das natürlich total bescheuert, denn dadurch wird ja nichts auch nur im Geringsten besser.«

»Und das heißt...?«

»So bin ich jedenfalls darauf gekommen, mich mit diesem Thema genauer zu beschäftigen. Ich habe mich also gefragt: ›Woher kommt es, dass du dauernd essen willst?‹«

»Und zu welchem Schluss sind Sie gelangt?«

»Na ja, ich habe lange nachgedacht und schließlich habe ich mir gesagt: ›Was würdest du *eigentlich* machen wollen und schaffst es trotzdem nicht?‹« Lange Pause. »Und, ja... Ich würde gerne mit den anderen offen sprechen können, danach sehne ich mich in Wirklichkeit.«

»Und wenn Sie sich so sehr danach sehnen, was hält Sie dann davon ab?«

Erneutes Schweigen.

»Die Scham. Dass ich nicht so bin, wie ich ›sein sollte‹. Deswegen schäme ich mich, ich erlebe es nicht als normal. Die Leute erwarten eigentlich etwas anderes von mir.«

»Da haben Sie recht. Allerdings reagieren wahrscheinlich nicht alle Leute gleich. Manche werden es total seltsam finden, ja geradezu krank, andere werden bloß überrascht sein, und wieder andere werden es als etwas ganz Natürliches ansehen. Zu welcher Gruppe gehören Ihrer Meinung nach die Leute, die für Sie wichtig sind?«

Sie dachte eine Weile nach.

»Ich glaube, zur ersten. Ja, bestimmt. Meine Familie würde sagen, dass ich krank bin. Mit meiner Kusine Martha darüber zu sprechen, kann ich mir zum Beispiel überhaupt nicht vorstellen. Aber die Sache geht eigentlich viel tiefer, ich weiß selbst nicht, ob sie nur mit meiner Homosexualität zu tun hat oder nicht doch mit Sexualität überhaupt. Mit Martha, die für mich ein sehr wichtiger Mensch ist, spreche ich jedenfalls nie über Sex. Niemals. Das war mir bis jetzt gar nicht aufgefallen. In meiner Familie wurde nie über Sex gesprochen. Zum Glück hat sich das auf mein Sexualleben aber kaum ausgewirkt.«

»Wie meinen Sie das?«

»Dass ich meinen Partnern gegenüber immer ganz unbefangen war. Sowohl mit dem Mann, mit dem ich zusammen war – ich hatte nämlich einmal einen männlichen Partner –, wie auch mit den Frauen hatte ich nie Schwierigkeiten, mich in sexueller Hinsicht erfüllt zu fühlen. Trotzdem ist es mir unangenehm, wenn über dieses Thema gesprochen wird. Es stört mich sogar, wenn Martha über ihren Mann spricht.«

»Hat das nicht vielleicht damit zu tun, dass Sie Angst davor haben, was passieren könnte, wenn sie mit diesem Thema anfängt?«

»Das verstehe ich nicht.«

»Wenn Ihre Kusine zum Beispiel sagen würde, dass sie beim Sex lieber oben ist, weil sie dann den Penis ihres Mannes besser spüren kann ... Vielleicht haben Sie dann Angst, dass sie Sie fragen wird, wie Sie es lieber haben.« Sie lachte. »Warum lachen Sie?«

»Weil es mir inzwischen weder so noch so gefällt. Naja ... es hat mir nie gefallen, so ist das eigentlich. Aber verrückterweise kann ich bloß mit meiner Familie nicht über Sex sprechen. Mit meinen Arbeitskolleginnen geht mir das nicht so, da macht mir das überhaupt nichts aus. Wenn da von Sex die Rede ist, kneife ich nicht.«

»Sondern?«

»Ich sage meine Meinung, allerdings ohne speziell von Männern oder Frauen zu sprechen. Mit meiner Kusine kann ich das aber nicht. Warum, weiß ich auch nicht. Vielleicht geht es ihr ja genau so, keine Ahnung. Es hemmt mich jedenfalls erst recht. Verrückt, oder? Weil ich ja gerade mit ihr so gern darüber sprechen würde.«

»Ich verstehe: Sie haben das Bedürfnis, es ihr zu erzählen, aber ihr gegenüber halten Sie sich total zurück.«

»Genau. Ich war schon immer jemand, der kein Blatt vor den Mund nimmt, aber in diesem Fall habe ich das Gefühl, als wäre hier oben alles zu.« Sie deutete auf ihre Kehle. »Als würde da auf einmal kein Wort mehr durchgehen.«

»Vielleicht ist das ja gar nicht schlecht, vielleicht heißt das, Sie sollten sich dieser Sache endlich stellen und das Thema nicht dauernd vor sich herschieben.«

Schweigen.

»In den letzten Monaten fühle ich mich wirklich schlecht, so als wäre ich nicht richtig bei mir selbst. Mit meiner Partnerin läuft es auch nicht gut. Nacho ist total lieb, aber ich will trotzdem nicht mehr in unserer gemeinsamen Wohnung bleiben. Nichts macht mich zufrieden, ich kann tun, was ich will. Früher ist mir da immer etwas eingefallen. Und ich glaube, ja: Worum es geht, ist, dass ich endlich Schluss damit mache. Manchmal habe ich das Gefühl, es können noch so viele Jahre vergehen, und ich werde mich trotzdem weiterhin wegen dieses Themas schämen und mich infragestellen und nochmal zwanzig Kilo zulegen, was natürlich total bescheuert wäre. Ich hasse es, dass ich unfähig bin, dazu zu stehen, wie ich bin. Aber, na ja... Der Rucksack, den einem die eigene Familie aufbürdet, ist manchmal eben schwerer, als man denkt.«

Sie steigerte sich immer mehr in ihre Verzweiflung hinein. Und ich ließ es zu, denn sie war dabei, einen sehr wichtigen Punkt in ihrem Leben zu erreichen. Eine Minute verstrich, noch eine, und sie sagte kein Wort. Irgendwann hatte ich das Gefühl, es wurde zu viel. Daraufhin stellte ich ihr eine Frage:

»Und was glauben Sie, woher kommt dieses Gefühl der Schuld und diese Scham?«

»Ich weiß nicht. Bestimmt von meiner Mutter. Sie mit ihrer Schande und mit ihrer Schuld... und dazu ich und mein Schmerz...«

Sie schwieg wieder. Jetzt musste ich ihr da raushelfen, sonst konnte sie nicht nachdenken und kam in der Sache nicht weiter.

»Sind Sie die einzige Homosexuelle in Ihrer Familie?« Sie lachte wieder.

»Was ist denn?«, fragte ich.

»Jetzt, wo Sie es sagen: Das ist bei uns ein ziemlich heikles Thema, ich bin nämlich keineswegs die einzige. Eine Tante von mir, Mabel, ist ebenfalls lesbisch, und eine Nichte von mir auch. Drei Generationen von Lesben.« Sie lachte laut.

»Und hatten oder haben Sie eine enge Beziehung zu diesen beiden Frauen?«

»Ja, sehr eng, vor allem zu meiner Nichte.« Sie lächelte verschmitzt.

Sie schien mich geradezu aufzufordern, sie danach zu fragen, aber ich beschloss, es für diesmal gut sein zu lassen. In dieser Sitzung hatte sie schon genug durchgemacht.

»Weiß man in Ihrer Familie, dass zumindest drei von Ihnen homosexuell sind?«

»Nicht, weil irgendjemand es ausgesprochen hätte. Ich habe Ihnen ja gesagt, in meiner Familie redet man über so etwas nicht. Alles bleibt bei Vermutungen, offen gesprochen wird nie darüber.«

»Und wie alt sind die anderen beiden?«

»Meine Nichte ist fast so alt wie ich. Und meine Tante schon ziemlich alt, sie ist sechsundfünfzig.« Sie unterbrach sich. »Verdammtes Miststück...«

»Was ist denn los?«

»Was los ist? Wenn ich so weitermache, geht es mir genau wie ihr: Dann werde ich mich auch in zwanzig Jahren noch fragen, ob ich den anderen jetzt sagen soll, dass ich lesbisch bin, oder nicht... Gabriel, ich will aber nicht, dass das passiert.« Dass sie nun so verzweifelt war, lag daran, dass sie sich endlich selbst grundlegend infrage gestellt hatte. Mir blieb da nichts anderes, als zu schweigen, damit sie sich mit dieser schmerzhaften Erkenntnis auseinandersetzen konnte.

»Aber so ist das eben«, sagte sie schließlich. »In meiner Familie sind die wichtigen Dinge immer kaschiert worden, auch wenn alle Bescheid wussten. Darüber, dass mein Neffe ein Adoptivkind ist, wurde nie gesprochen, aber wir alle wissen es. Dass ich eine Schwester habe, die als meine Tante bezeichnet wurde, darüber wurde auch nie geredet. Und das sind nur ein paar Dinge, die ich besonders wichtig finde. Dass wir nicht mal wissen, wie das Dorf in Spanien heißt, aus dem mein Großvater einst hierher kam, oder ob wir dort noch Verwandte haben, dazu hat auch nie jemand etwas gesagt. Na ja, so wird das eben bei uns gemacht...«

»›So *machen wir* das‹, müssten Sie eigentlich korrekterweise sagen, oder?«

»Ja, Sie haben völlig recht, ich spiele das Spiel ja mit, und höchstwahrscheinlich stehe ich irgendwann genauso beschissen da wie die anderen. Ich schleppe auch ständig irgendwelche Schuldgefühle mit mir herum. Für meine Mutter muss es auch nicht gerade einfach gewesen sein, so zu tun, als wäre eine ihrer Töchter gar nicht ihre Tochter, denke ich mir. Aber so ist das eben bei uns, alle wissen es, und keiner sagt was. Obwohl wir sehr aneinander hängen: Wir treffen uns oft und lachen viel, und es wird getrunken und gegessen, bis wir fast platzen... Deshalb bin ich auch so dick. Wir sind alle dick und randvoll...«

»Ja, aber nicht nur mit Essen«, unterbrach ich sie. »Sie sind auch bis oben hin voll mit Geheimnissen.«

»Stimmt. In gewisser Hinsicht verbindet uns das, oder? Alle wissen eigentlich alles, nehme ich an.«

Dies war eine ganz besondere Sitzung, Cecilia arbeitete so hart wie noch nie, aber ich glaubte, ich musste ihr trotzdem einen zusätzlichen Impuls geben, auch wenn er ihre Verzweiflung womöglich noch verstärken würde. Ich überlegte kurz und sagte dann:

»Sehen Sie mal, das, was in Ihrer Familie passiert, nennt man, wenn es ums Trauern geht, einen ›Pakt des Schweigens‹. So bezeichnen es die Psychologen. Damit meint man zum Beispiel den ›Pakt‹ zwischen jemandem, der Krebs hat, und seiner Familie. Das ist sozusagen die Verabredung, dass der Kranke selbst nicht über das Thema spricht, und die Familie rührt auch nicht daran, und alle tun einfach so, als wäre nichts… ›Heute geht es dir nicht so gut, aber du wirst schon sehen, morgen fühlst du dich gleich viel besser… Da kommst du wieder raus…‹ Alle wissen Bescheid. Und alle halten sich daran, dass darüber nicht gesprochen wird. In diesem Fall geht es um ein sehr wichtiges Thema, den Tod, und ich als Analytiker versuche als Erstes, diesen Pakt des Schweigens zu durchbrechen. Das ist aber nicht einfach. Denn der Tod ist ein Thema, das man nicht als ein bloßes Symbol behandeln kann – über den Tod kann man ohnehin kaum sprechen.« Ich machte eine kurze Pause, dann sprach ich weiter. »Na gut, das andere Thema, das man oft mit einem Pakt des Schweigens belegt, ist die Sexualität. Denn Tod und Sexualität sind genau die zwei Themen, die den Leuten am häufigsten Kummer bereiten, und sie können Konflikte hervorrufen, denen viele irgendwann nicht mehr gewachsen sind. Es sind sozusagen die zwei Grundpfeiler, auf denen die menschliche Seele ruht, und sie können eben diese Seele gehörig durcheinanderbringen. Alles dreht sich darum, um den Tod und um die Sexualität. Sehr viel mehr gibt es im Unterbewusstsein der Leute nicht.« Sie hörte mir aufmerksam zu. »Wenn jemand etwas erschafft, wenn er schreibt oder malt oder, wie in Ihrem Fall, Räume und Feierlichkeiten gestaltet – wissen Sie, was er dann eigentlich macht? Er sublimiert sexuelle Energie. Wenn man beginnt, an einem Projekt zu arbeiten, was macht man dann? Ganz einfach, man stellt etwas zwischen den Tod und einen selbst. Heute mache ich das, und morgen das. Und das ist ungeheuer wichtig. Denn sonst müsste ich ja die ganze Zeit daran denken, dass ich irgendwann sterbe. Deshalb werden Leute, die kein Projekt mehr verfolgen, depressiv. Und was tun wir Psychologen, um sie aus diesem Zustand herauszuholen? Wir fragen sie, was sie gerne machen würden, worauf sie Lust haben. Das heißt, wir versuchen in ihnen den Wunsch zu wecken, etwas zu tun. Ein Projekt anzugehen.« Ich legte erneut eine kurze Pause ein, damit sie meine Worte verarbeiten konnte. »Na gut, Tod und Sexualität sind die beiden Themen, bei denen man – aus Angst – eine perverse Situation des Beschweigens vereinbart. Und es hängt von einem selbst ab, ob man einen solchen Pakt einhält, oder nicht. Nachdem es sich hierbei um einen perversen Pakt handelt, sind nicht alle Menschen imstande, ihn einzuhalten, weil der Preis dafür hoch ist: Er besteht in großer Angst und großem Kummer. Sie sagen, für Ihre Mutter muss es schwer gewesen sein, so zu tun, als wäre eine ihrer Töchter gar nicht ihre Tochter. Bestimmt war das schwer. Aber worüber sprechen wir eigentlich im Moment, Cecilia?«

»Über Sexualität.«

»Genau. Über den Versuch, etwas zu verbergen, was mit der Sexualität zu tun hat.«

»Ja, über Sex vor der Ehe …«

»Genau. Manchmal weiß jemand nicht, wie er sich einem

solchen Thema stellen soll, und dann spricht er eben nicht darüber, und die anderen auch nicht. Aber Sie wollen sich diesem Thema ja stellen, Sie wollen damit klar kommen.«

»Woher wissen Sie das so genau?«

»Weil Sie gesagt haben, dass Sie Angst davor haben, dass die Zeit vergeht, und Sie irgendwann alt sind und sich nichts verändert hat. Das heißt, Sie haben Angst zu sterben, ohne diese Sache geklärt zu haben.«

»Und deshalb beklage ich mich über den Schweigepakt in unserer Familie...«

»Ich denke, ja. Sehen Sie, ein solcher Pakt hat immer mit dem Tod oder mit der Sexualität zu tun, und genauso haftet ihm immer etwas Krankes an. Sie selbst macht dieser Pakt ja auch krank. Deshalb würde ich sogar sagen, dass es durchaus sein Gutes hat, dass Sie dieser Sache offenbar nicht mehr gewachsen sind, und sei es bloß für eine kurze Zeit. Denn der Kummer und die Angst, die Sie empfinden, zwingen Sie dazu, dieses Thema wahrzunehmen und nicht einfach so zu tun, als wäre nichts. Stattdessen fragen Sie sich jetzt, ob es nicht irgendeinen Ausweg aus dieser Situation gibt. Wenn Sie den Pakt aber Ihr ganzes Leben lang aufrechterhalten wollen, haben wir keine Chance...«

Kurzes Schweigen.

»Ich meine, von hier aus gesehen, wo wir ja gemeinsam versuchen, eine Lösung für Ihre Probleme zu finden, hätten wir dann verloren. Wenn wir Ihren Kummer aber als Grund nehmen können, diesen Pakt aufzugeben – und damit meine ich jetzt nicht, dass Sie sich outen, indem Sie ein Plakat an Ihrem Haus aufhängen oder eine Anzeige in der Zeitung veröffentlichen, sondern dass Sie zumindest ein bisschen von Ihrer Wahrheit preisgeben –, dann hätten wir die erste Runde im Kampf gegen die Krankheit gewonnen.«

Nach diesen Worten schwieg sie lange. Ich hatte gesagt, was ich sagen wollte. Jetzt war sie an der Reihe.

»Manchmal, wenn wir in der Familie zusammen sind, lasse ich meinen Gedanken freien Lauf. Ich sehe mir dann einen nach dem anderen an und frage mich: ›Ob der wohl gerne die Wahrheit von mir hören würde? Und der? Der wohl eher nicht, oder? Und der da findet offenbar alles prima mit dieser tollen Familie, obwohl die doch so was von öde ist.‹ Und dann würde ich am liebsten laut losschreien.«

»Vielleicht müssten Sie anders darüber nachdenken. Die Frage, zum Beispiel, die Sie sich stellen: Ob jemand wohl gerne die Wahrheit von Ihnen hören würde. Finden Sie nicht, dass Sie das eigentlich anders formulieren müssten, also: Ob Sie *dem* wohl gerne die Wahrheit sagen würden?«

»Ich würde aber gerne allen die Wahrheit sagen, da mache ich keinerlei Unterschied.«

»Vielleicht ist es trotzdem gar nicht schlecht, zumindest am Anfang eben doch erst mal zu entscheiden, mit wem Sie über so etwas Intimes und Persönliches sprechen möchten.«

Das Ende der Sitzung rückte näher. Diesmal war viel in Bewegung gekommen. Ich versuchte, den Abschluss ein wenig entspannter, fast als Witz zu gestalten: »Andererseits wäre es vielleicht auch keine schlechte Idee, wenn Sie das nächste Mal bei einem Familientreffen, sozusagen zwischen Salat und Fleischplatte, aufstehen und verkünden: ›Bitte alle mal leise sein, ich habe euch etwas mitzuteilen.‹«

Wir lachten beide.

»Ja klar, und dann schreie ich laut: ›Ladies and Gentlemen, ich bin total scharf auf Mösen.‹«

Lachend antwortete ich: »Aber abgesehen davon sollten Sie eben doch unterscheiden und sich klar machen, dass nicht alle, die Sie kennen, gleich wichtig für Sie sind. Bestimmt stehen Ihnen manche näher oder Sie sind einfach vertrauter mit ihnen als mit anderen, oder?«

»Natürlich sind mir manche wichtiger. Aber am liebsten wäre mir trotzdem, wenn ich es allen sagen könnte.«

»Das verstehe ich. Aber Sie sollten bedenken, dass sich unsere Ideale nicht ohne Weiteres hundertprozentig umsetzen lassen.«

»Stimmt. Beim Abspülen muss man auch einen Teller nach dem anderen saubermachen...«

Die Sitzung ging zu Ende. Cecilias letzte Äußerung war schon fast so etwas wie ein Schlusssatz. Aber ein sehr wichtiger. Und ich wollte, dass sie eine möglichst klare Vorstellung davon mitnahm, was wir in dieser Sitzung erarbeitet hatten.

»Ich fände es gut, wenn Sie über das, was wir heute besprochen haben, noch einmal gründlich nachdenken würden. Es gibt also bei Ihnen einen Schweigepakt, ja?« Sie nickte. »Und wenn man einer solchen Abmachung unterworfen ist, gibt es zwei Möglichkeiten: Entweder man nimmt die Situation klaglos hin, oder aber, wie in Ihrem Fall, eine solche Situation verursacht einem Kummer und Schmerzen. Es ist so ähnlich, wie wenn man mit jemandem zusammenlebt, der einen schlägt.«

»Hören Sie bloß auf...«

»Man kann bei dem Ganzen jedenfalls entweder auf sadomasochistische Weise mitspielen, oder man versucht, daraus auszubrechen. Na gut... so weit sind wir also heute gekommen. Lassen wir es vorerst so stehen und versuchen erst einmal herauszufinden, wie wir mit der Angst und dem Kummer umgehen können. Dann bis zum nächsten Mal.«

Es war eine harte, schwierige und bewegende Sitzung gewesen. Cecilia war beim Weggehen sehr aufgewühlt. Stärker, als ich in dem Augenblick gemerkt hatte.

Es kommt oft vor, dass ich nach einer Sitzung schnell umschalten und den Kopf für den nächsten Patienten – oder auch, warum nicht, für meine eigenen Gedanken – freibekommen muss. So ging es mir auch diesmal.

Ich hatte fast vergessen, wie tief wir durch Cecilias Erzählung bei dieser Sitzung vorgedrungen waren. Es wurde mir erst klar, als sie eine Woche später wiederkam.

»Na gut«, sagte sie, kaum dass sie sich auf die Couch gesetzt hatte. »Ich wollte Ihnen erzählen, dass mir letzten Dienstag nach unserer Sitzung etwas sehr Merkwürdiges passiert ist. Sie wissen ja noch, dass wir über die Idee gesprochen hatten, dass ich verschiedenen Leuten erzähle, was mit mir los ist...«

»Hm... Ja, stimmt.«

»Also, jedenfalls ist mir etwas sehr Seltsames passiert. Kaum saß ich im Auto, hatte ich plötzlich ein ganz komisches Gefühl...«

»Komisch?«

»Ja. Und dann fing ich an zu weinen und konnte einfach nicht mehr aufhören. Von hier bis nach Liniers, wo ich ein paar Leinwände abholen musste, habe ich die ganze Zeit geweint. Als ich dort ankam, konnte ich gar nicht aussteigen – ich habe immerzu geheult und geheult. Sie wissen, dass mir so etwas normalerweise nicht so leicht passiert.«

»Aber diesmal war es so.«

»Ja. Und irgendwann habe ich dann das Bedürfnis verspürt – oder einen Impuls, ich weiß nicht –, Agustina anzurufen, meine Schwägerin. Ich habe ihr eine SMS geschickt, in der stand, dass ich unbedingt mit ihr sprechen möchte. Wir haben ein paarmal hin und her geschrieben, immer per SMS, bis sie mich schließlich angerufen hat. Und, na ja, wir konnten nicht gleich einen konkreten Termin finden, an dem es uns beiden gepasst hätte, aber zumindest für mich ist es trotzdem so, als ob wir uns getroffen hätten, denn sie weiß jetzt auf jeden Fall schon mal, dass ich mit ihr über etwas Bestimmtes sprechen möchte.«

»Beim letzten Mal hatten wir gesagt, dass es wichtig ist, dass Sie überlegen, mit wem Sie am besten zuerst sprechen. Warum haben Sie sich gerade für Ihre Schwägerin entschieden?«

»Weil sie zur Familie gehört, aber doch nicht so sehr wie viele andere, weil sie intelligent ist, weil ich glaube, dass sie mich verstehen wird, und weil sie nett ist, ich vertraue ihr.«

»Und wie haben Sie sich nach dem Telefongespräch gefühlt?«

»Ich weiß nicht, ob ich es erklären kann. Es war seltsam, weil das Bedürfnis sie anzurufen sozusagen unmittelbar aus meinem Körper kam, es stieg wie von selbst in mir auf, wie ein plötzlicher Impuls. Andererseits war mir klar, wenn ich es nicht jetzt gleich mache, kann es weiß Gott wie lange dauern, bis ich mich wieder dazu aufraffe.« Schweigen. »Ja, und obwohl ich also noch gar nicht richtig mit ihr gesprochen habe, ist es für mich trotzdem sehr wichtig, dass ich Kontakt zu ihr aufgenommen habe und dass sie jetzt weiß, dass ich ihr etwas sagen möchte.«

»Klar, Sie spüren, dass Sie den ersten Schritt, der immer der schwierigste und der wichtigste ist, getan haben.«

»Ja. Ich weiß allerdings nicht, wie lange ich dieses Gefühl aufrechterhalten kann. In solchen Sitationen stelle ich nämlich auch regelmäßig fest, wie schlecht ich manchmal das, was mir passiert, einordnen kann.«

Ihre letzte Äußerung schien mir ein wenig unverständlich. »Können Sie das vielleicht genauer erklären?«

»Natürlich. Also, ich war ja selbst überrascht, dass ich mich auf einmal so seltsam aufgeführt habe. Ich weiß, für mich ist das ein verdammt schwieriges Thema, aber in diesem Augenblick konnte ich tatsächlich nicht aufhören, zu weinen. Es war eine Mischung aus Kummer und Schmerz und Freude darüber, dass ich endlich loslassen konnte. Fast hätte ich laut geschrien. Es war wirklich sehr seltsam, ich war total euphorisch und gleichzeitig hatte ich Angst. Da habe ich mir gesagt: ›Was soll's, schließlich komme ich nicht daher und verkünde: Seht mal, ich hab jemanden umgebracht. So schlimm ist es also wirklich nicht.‹ Aber egal, für mich war das alles jedenfalls sehr wichtig.«

»Es *ist* wichtig für Sie, sehr wichtig sogar«, sagte ich. Es hatte sie viel Kraft und Zeit gekostet, so weit zu kommen. Jahre. Da hatte sie es wirklich verdient, das Ganze ein wenig auszukosten.

»Ja. Komisch war aber schon, wie es dazu kam. Denn als ich nach unserem Gespräch von hier aufgebrochen bin, war ja alles ganz normal: Ciao, zum Abschluss ein kleiner Witz, wir haben gelacht – also nichts Besonderes. Und auf dem Weg zu meinem Auto fing es dann auf einmal an, ich habe kaum noch Luft bekommen. Als ich eingestiegen bin, habe ich mir gesagt: ›Also gut, ich schicke ihr jetzt gleich eine SMS. So neugierig und ungeduldig wie sie ist, gibt sie bestimmt keine Ruhe, bis wir uns sehen und über alles sprechen können.‹« Sie schwieg einen Augenblick, dann erzählte sie weiter: »Aber einfach war es trotzdem nicht für mich. Denn sie hat sofort geantwortet: ›Okay, gleich morgen gehen wir irgendwo einen Kaffee trinken.‹ Und Sie können sich ja denken, dass ich darüber niemals in einem Café sprechen würde! Die würden mich doch alle für geisteskrank halten, wenn ich auf einmal zu heulen und zu schreien anfange. Besser, wir gehen zu ihr oder an sonst irgendeinen privaten Ort, in einem Café oder in einer Bar würde ich mich jedenfalls nicht wohlfühlen. Aber egal, wichtig war es trotzdem...«

»Gut, dass Sie das sagen. Sehen Sie? Das hört sich doch längst nicht mehr so krank an. Denn jetzt nähern Sie sich der Wahrheit und Sie versuchen, zu den Leuten, die Sie gern haben, eine ehrlichere und gesündere Beziehung aufzubauen. Auch wenn es vielleicht wehtut, über all das zu sprechen und herauszufinden, ob Sie wirklich als diejenige geliebt und angenommen werden, die Sie tatsächlich sind, und nicht als diejenige, die so ist, wie die anderen Sie gerne hätten.«

»Gabriel, kann ich Sie um etwas bitten?«

»Natürlich.« Ich war gespannt, was nun kommen würde.

»Ich glaube, was mich mit am meisten dazu gebracht hat, über alles nachzudenken, und weshalb ich nach der letzten Sitzung in diesem Zustand von hier aufgebrochen bin, war diese Sache mit dem Tod und der Sexualität, von der Sie erzählt hatten. Das hat mich wirklich tief getroffen. Würde es Ihnen etwas ausmachen, mir das nochmal zu erklären? Sie kennen mich ja: Worum es im Prinzip geht, ist mehr oder weniger bei mir haften geblieben, aber glauben Sie nicht, ich könnte im Einzelnen wiedergeben, was Sie damals gesagt haben...«

Mit dieser Bitte überraschte sie mich – ich wusste nicht, worauf sie sich bezog. Das kommt durchaus manchmal vor, und das Beste ist dann, wie immer bei einer Analyse, die Wahrheit zu sagen:

»Cecilia, seien Sie mir nicht böse, aber...«

Sie lachte.

»Sie wissen es selbst nicht mehr, stimmt's?« Ich musste auch lachen. »Sie haben keine Ahnung, was Sie damals gesagt haben.«

»Ja, ich kann mich wirklich nicht mehr daran erinnern, aber geben Sie mir ein paar Anhaltspunkte, und wenn es tatsächlich so wichtig für Sie war, bekommen wir es auch wieder zusammen.«

Und so war es auch: Gemeinsam rekonstruierten wir die letzte Sitzung – die wichtigste der gesamten bisherigen Behandlung. Die Sitzung, die Cecilia dazu brachte, auf dem Grab ihrer Mutter eine Vase zu zerschmettern. Und die uns hoffentlich die Tür zu einer Gegenwart aufgestoßen hat, die Cecilia und ihrer Wahrheit mehr Respekt entgegenbringt.

Der Schmerz des Analytikers
Majos Geschichte

»… und die Seele ahnt es,
spürt das Gift, das heimlich durch die Adern fließt.
Und das Leben greift zum letzten Mittel,
schreit und kämpft und zeigt sich, wo es kann.«

Fernando Rabih

Um acht Uhr abends war die Grupppe zusammengekommen, wie an jedem Dienstag. Während ich sie ins Behandlungszimmer durchgehen ließ, sagte ich fast nichts. Nur als einer von ihnen fragte, ob etwas sei, antwortete ich, dass wir nachher darüber sprechen würden, wenn alle da wären.

Als ich schließlich selbst das Behandlungszimmer betrat, wusste ich nicht, wie ich anfangen sollte. Auch wir Therapeuten wissen nicht immer, was wir sagen sollen. Ich setzte mich auf meinen Stuhl und schwieg. Die anderen unterhielten sich weiter, bis nach und nach die Stimmen verstummten und sich eine belastende Stille breitmachte.

Jorge, der ungeduldigste von allen, stellte als Erster eine Frage: »Ist etwas?«

Ich sah auf und blickte einem nach dem anderen ins Gesicht. Dabei ging ich in Gedanken die Geschichte jedes Einzelnen von ihnen durch: wie sie hier erschienen waren, warum, wie weit sie inzwischen in ihrer Behandlung gelangt waren. Bis ich bei dem leeren Stuhl ankam.

»Natürlich, irgendetwas ist doch.« Jorge gab sich nicht so leicht geschlagen. »Können Sie uns nicht verraten, worum es geht?«

»Ich muss Ihnen etwas sagen... Etwas, was ich am liebsten nie sagen würde...«

Myriam schlug die Hand vor den Mund und fing an zu weinen. Noelia sah mich geradezu flehend an:

»Nein, nein, bitte...«

Ich nickte.

»Ich muss Ihnen sagen, also... Majo ist gestorben.«

Tiefes Schweigen.

»Ihr Vater hat angerufen und mich gebeten, Ihnen mitzuteilen, dass...« Während ich weitersprach, hörte mir keiner mehr zu: Jorge stand auf, ging einmal um seinen Stuhl herum und trat dagegen. Eduardo fasste sich an den Kopf und presste die Augen zu. Noelia und Myriam umarmten sich verzweifelt. Und Raúl lehnte sich zurück und starrte zur Zimmerdecke.

Irgendwann hörte ich auf zu sprechen. Ich hatte etwas sagen wollen, jetzt aber schien mir Schweigen das Beste zu sein. Lust zu sprechen hatte ich ohnehin wenig.

Ich blickte zu Boden und wartete. Jeder versuchte auf seine Weise, mit seiner Aufregung fertig zu werden. Irgendwann merkte ich, dass auch ich meinen Kummer irgendwie loswerden musste. Ein Gefühl hilfloser Verzweiflung stieg in mir auf, ich biss mir auf die Lippen, bis ich es nicht mehr unterdrücken konnte. Und ich begann vor meinen eigenen Patienten hemmungslos zu weinen.

Ich lernte Majo an einem Samstagnachmittag kennen, am Eingang einer Einkaufspassage an der Avenida Rivadavia, wo ich gerade einen Satz neuer Visitenkarten in Auftrag gegeben hatte. Als ich aus der Passage trat, sprach mich eine junge Frau an.

»Hallo ... Sie sind doch Gabriel Rolón, oder?«

Dass Leute mich auf der Straße ansprechen, kommt regelmäßig vor, meistens kennen sie mich aus einer der Radio- oder Fernsehsendungen, in denen ich auftrete. Normalerweise sagen sie bloß rasch etwas Nettes, selten geht es über einen oberflächlichen Kontakt hinaus. Ich freue mich immer und grüße freundlich und möglichst höflich zurück. Normalerweise bleibe ich aber nicht stehen, um mich länger zu unterhalten.

»Ja«, sagte ich also lächelnd. »Ciao.«

»Nein, warten Sie bitte«, erwiderte sie. »Ich heiße Majo, und das hier ist mein Freund Sebastián.«

Ihren Begleiter hatte ich gar nicht bemerkt.

»Hallo, freut mich.«

»Kann ich Sie etwas fragen?«

»Ja, natürlich.«

Ich nahm an, sie würde mich bitten, während meiner nächsten Radiosendung einen Bekannten von ihr zu grüßen. Das mache ich oft. Aber darum ging es nicht.

»In Ihrer Praxis behandeln Sie Privatpatienten, oder?«

»Ja.«

»Gut, dann würde ich mich gerne von Ihnen behandeln lassen. Geben Sie mir Ihre Telefonnummer? Dann rufe ich Sie an, und wir können einen Termin ausmachen.«

Ich war überrascht darüber, wie direkt sie war. Ganz ungezwungen, einfach so, mit einem Lächeln. *Gut, dann würde ich mich gerne von Ihnen behandeln lassen.* Ich musste ebenfalls lächeln. Sie hatte weder gefragt, wo meine Praxis war, noch, ob ich überhaupt Termine frei hatte oder wie viel ich verlangte. Im Gegenteil, sie hatte sich darauf beschränkt, mich wissen zu lassen, dass ich ab sofort eine neue Patientin haben würde.

Ihre Ungezwungenheit rührte mich. Und obwohl ich nicht spezialisiert auf die Arbeit mit Jugendlichen war, hatte ich dennoch einige Erfahrung, weshalb ich schließlich auf ihre Bitte einging. Ob es sich tatsächlich um eine Bitte handelte, kann ich heute allerdings gar nicht mehr so genau sagen, schließlich war Majo ein richtiges Energiebündel. Wenn sie sich etwas vorgenommen hatte, ließ sie sich durch nichts und niemanden davon abbringen.

»Das Problem ist, ich habe gerade keine Visitenkarten dabei. Das heißt, in Wirklichkeit habe ich gar keine mehr. Ich habe hier gerade eben welche bestellt.«

»In dem Geschäft in der Passage?«

»Ja.«

»Okay, dann gehe ich dorthin und lasse mir die Adresse geben.«

Ich lachte.

»Wenn Sie wollen, gehe ich mit, sonst geben sie sie Ihnen ja nicht.«

»Nein, lassen Sie nur. Das machen die schon, warten Sie's ab.«

Sie lächelte verschmitzt und verschwand in der Einkaufspassage. Ich sah ihr eine Weile lächelnd hinterher.

Am nächsten Montag rief sie gegen Mittag bei mir an.

»Hallo, ich bin's, Majo. Sie erinnern sich doch noch an mich, oder?«

»Ja, ich erinnere mich. Wie geht es Ihnen?«

»Gut...«

»Wie ich sehe, haben sie Ihnen in dem Geschäft meine Adresse verraten.«

»Hab ich doch gesagt...«

»...«

»Und?«

»Und was?«

»Wann fangen wir an?«

Was für eine Durchsetzungskraft diese junge Frau hatte! Ich weiß noch, dass ich mir damals sagte: ›Was die sich vornimmt, das setzt sie auch um. Die bringt es bestimmt mal weit im Leben.‹

Und so erschien Majo zum vereinbarten Termin pünktlich zum ersten Mal in meiner Praxis.

Sie war achtzehn Jahre alt, hübsch, hatte braunes Haar, sehr lebendige, honigfarbene Augen, ein wunderbares Lächeln und einen schönen Körper, mit dem sie selbst aber nie ganz zufrieden war.

»Ich wäre gern schlanker. Ich bin nämlich Tänzerin.«

»Ah ja, schön. Ballett?«

»Nein, Ballett habe ich früher gemacht, als Kind, dafür bin ich schon zu alt, jetzt will ich Hip-Hop machen. Und Musicals mag ich auch sehr gern, deshalb nehme ich Gesangsunterricht.«

»Das heißt, Sie singen auch?«

»Na ja, mehr oder weniger. Tanzen kann ich gut, aber singen... hmm... da muss ich noch viel lernen.«

»Ich würde Sie gern mal hören.«

Mit Jugendlichen gehe ich häufig so vor, dass ich sie auffordere, mir zu zeigen, womit sie sich beschäftigen, oder ich lasse mir von ihren Lieblingsfilmen oder -büchern erzählen. Damit habe ich schon oft einen guten Zugang zu ihnen und ihrem Leben gefunden.

Majo schien von meinem Wunsch überrascht.

»Wirklich?«

»Ja, natürlich.«

»Na gut, wenn ich irgendwann den Mut dazu habe, bringe ich eine CD mit und singe Ihnen etwas vor. Aber Sie müssen mir Zeit lassen.«

»So viel Sie wollen. Aber genieren Sie sich denn, wenn Sie vor anderen Leuten singen sollen?«

»Ja. Ich habe Angst davor, zumindest ein bisschen.«

Da wurde mir klar, dass Majo, so draufgängerisch sie sich auch gab, eben doch erst achtzehn Jahre alt war. Natürlich hatte sie Angst.

Die Pubertät ist eine schwierige Zeit, während der man sich sehr schutzlos fühlen kann. Das übermächtige Vorbild der Eltern hat an Einfluss verloren, noch haben die Jugendlichen aber nicht genügend Vertrauen in sich selbst entwickelt, deshalb kann ihnen die Welt bedrohlich vorkommen. Aus diesem Grund tun sie sich mit anderen zusammen, jeder sucht sich seine Peergroup. Kaum ein Heranwachsender hat keine, und wem es nicht gelingt, seine Gruppe zu finden, der hat meistens Probleme. Die Peergroup, das sind »die besten Freunde«, die Gefährten, mit denen man Abenteuer erlebt, die man liebt, denen man vertraut, die so sind wie man selbst. Das ist eine der typischen Eigenschaften einer Peergroup: Ihre Mitglieder entscheiden sich füreinander, weil sie sich ähnlich sind. Sie mögen dieselbe Musik, sie ziehen sich gleich an, ihnen gefallen dieselben Sachen. Sie erleben die anderen als eine Verkörperung ihrer selbst, deshalb wählen sie sie zu ihren Freunden. Eigentlich geht es darum, das Bild von sich selbst zu bestärken, zu einer Zeit, in der sie die Liebe zu sich selbst infrage stellen.

In jedem Fall handelt es sich um einen notwendigen Schritt, um ein eigenständiges Leben zu beginnen, außerhalb der Familie Zuneigung zu finden und Bindungen eingehen zu können.

Ich fragte Majo nach ihrer Peergroup.

»Na ja, meine Freundinnen aus der Schule... Aber jetzt nach dem Abschluss ist das nicht mehr das gleiche. Manche sehe ich zum Glück noch. Andere zum Glück nicht.« Sie lachte. »Aber meine beste Freundin ist Valeria. Sie ist wie mein zweites Ich. Sie weiß alles über mich. Mit ihr spreche ich über Sachen, über die ich mit niemandem sonst reden würde... Aber werden Sie jetzt bloß nicht eifersüchtig... Ich hoffe doch, mit Ihnen werde ich auch über alles sprechen können.«

»Ja, Majo, das hoffe ich auch.«

Wir unterhielten uns noch eine Weile. Es war ein Genuss, ihr zuzuhören. Sie wechselte von Äußerungen, die typisch für ihr Alter waren, übergangslos zu tiefschürfenden, fast philosophischen Fragestellungen. Gegen Ende des Gesprächs versuchte ich ihr zu erklären, wie eine Psychoanalyse abläuft.

»Also, Majo, ich sage Ihnen jetzt, wie ich normalerweise

bei meiner Arbeit vorgehe. Ich entscheide erst nach drei oder vier vorbereitenden Gesprächen, ob ich jemanden als Patienten annehme. Das mache ich, damit wir uns zunächst ein bisschen kennenlernen können, damit ich sicher bin, dass ich Ihnen auch helfen kann, und damit Sie mich kennenlernen und sehen können, ob das, was ich sage, und wie ich es sage, Ihnen weiterhilft. Jeder Therapeut ist nun mal anders, genau wie jeder Patient, und beide Seiten müssen herausfinden, ob sie sich füreinander entscheiden wollen, ich für Sie als Patientin, und Sie für mich als Therapeuten. Einverstanden?«

»Nehmen Sie sich ruhig so viel Zeit, um mich kennenzulernen, wie Sie wollen, aber für mich ist das nicht nötig. Ich habe mich schon vor langem für Sie entschieden. Ich habe nur auf den richtigen Augenblick gewartet, um mit der Analyse anfangen zu können. Ich höre Sie jedes Mal im Radio. Und ich habe immer schon gewusst, dass ich, wenn ich eine Therapie machen will, die dann nur mit Ihnen mache. Und, na ja, ich weiß nicht, ob Sie an so etwas glauben, wahrscheinlich nicht, schließlich sind Sie Psychologe, aber dass ich Sie neulich in der Stadt getroffen habe, war für mich jedenfalls das Zeichen, dass es losgehen soll. Also würde ich lieber keine Zeit mit irgendwelchen Vorgesprächen vertun, aber wenn das Ihre Regeln sind, ist es auch okay. Einverstanden. Unter einer Bedingung.«

»Und zwar?«

»Lassen Sie es sich bloß nicht einfallen, mich nicht als Patientin anzunehmen.«

Wir lachten beide, und damit endete unser erstes Gespräch.

Bei der vierten Sitzung schlossen wir dann den »Analysevertrag«. Darin wird vor Beginn der eigentlichen Psychoanalyse eine Vereinbarung zwischen dem Patienten und dem Analytiker getroffen. Diese Vereinbarung bezieht sich auf die Behandlungszeiten, das Honorar und eine Reihe anderer Fragen, die mit dem Verhältnis beider Beteiligten zueinander zu tun haben.

Wenn ich mit Jugendlichen arbeite, lasse ich sie normalerweise nicht auf der Couch liegen. Ehrfahrungsgemäß fühlen sie sich wohler, wenn man sich von Angesicht zu Angesicht gegenübersitzt. Im Fall von Majo schlug ich jedoch vor, die Couch zu benutzen.

»Macht es Ihnen etwas aus?«, fragte ich.

»Nein, überhaupt nicht, ich finde die Idee lustig.«

Daraufhin begannen wir mit der Analyse im eigentlichen Sinn.

Nachdem wir ungefähr fünf Monate lang zusammen gearbeitet hatten, ging es bei einer Sitzung wieder einmal um eine Problematik, die für Majos Alter typisch ist: Es hatte mit der Frage ihrer »Berufung« zu tun, sie war sich nicht sicher, ob das, was sie studierte, das Richtige für sie sei.

»Manchmal habe ich das Gefühl, ich mache mein Studium nur für die anderen, nicht für mich.«

»Und wer sind die anderen?«

»Meine Eltern vor allem. Ich weiß, dass ich es schaffen werde, ich meine, als Musikerin, Sängerin, Tänzerin und so. Aber für sie ist es sehr wichtig, dass ich auch einen Abschluss mache und einen Titel habe… Ich weiß nicht, ich glaube, sie machen sich Sorgen um meine Zukunft.«

»Und Sie, haben Sie keine Angst vor der Zukunft?«

»Nein, das Leben ist viel zu kurz, um Angst vor der Zukunft zu haben«, sagte sie ernst.

»Kann sein, trotzdem haben wir alle vor irgendetwas Angst.«

Sie schwieg eine Weile. Seufzte. Sie hatte die Hände unter dem Kopf verschränkt. Irgendwann nahm sie ihre Hände von dort fort und schob sich stattdessen ein Kissen unter den Kopf, das bis dahin neben ihr gelegen hatte. Ihre Füße fingen an sich zu bewegen. Irgendetwas schien sie zu beunruhigen.

»Ist etwas, Majo?«

»Also, da ist eine Sache, die mir durch den Kopf geht, schon seit ich ganz klein war... Nicht dass ich Angst davor haben würde, es ist eher... der Wunsch, etwas zu wissen.«

›Nicht dass ich Angst davor haben würde‹ – wir Analytiker wissen, dass eine Verneinung wie diese – ›Nicht dass ich...‹ – oft der Weg ist, den unbewusste Vorstellungen oder Gefühle nehmen, um in der Analyse aufzutauchen. Freud rät, die Verneinung einfach wegzulassen und das, was sie verneint, als die eigentliche Aussage anzusehen.

»Und worum geht es dabei?«

»Sie dürfen mich jetzt nicht auslachen, ja?«

»Nein.«

»Um den Tod.«

Ihre Antwort beeindruckte mich. Wie hätte ich darüber lachen können? Eine Achtzehnjährige sagte mir, dass sie von klein auf durch das Thema des Todes in Atem gehalten wurde – und da sollte ich lachen?

»Erzählen Sie mir ein bisschen mehr darüber.«

»Na ja, als ich noch ziemlich klein war, starb meine Großmutter. Für mich war das sehr hart.«

»Haben Sie sie sehr geliebt?«

»Für mich war meine Großmutter einfach die Allerliebste. Wenn sie mich gekämmt hat, habe ich immer dabei gesungen, das hat sie sehr gemocht. Sie war eine Großmutter wie aus dem Bilderbuch, und sie hat auch selbst viele Märchen und Geschichten erzählt. Sie hat mit mir über alles gesprochen, über all die Dinge, die mir bevorstehen, wenn ich einmal groß bin...«

»Und was waren das für Dinge?«

»Verantwortung, Arbeit, Liebe, Sex,...«

»Ihre Großmutter hat mit Ihnen also über Sex gesprochen. Schön, dass Sie jemanden gehabt haben, um über dieses Thema zu sprechen. Die meisten Kinder würden das gerne tun, aber den Erwachsenen fällt es normalerweise ziemlich schwer. Von den Großeltern gar nicht erst zu reden...«

»Ja, ich weiß. Mit meinen Eltern habe ich auch nie über Sex gesprochen. Aber meine Großmutter war einfach toll, das sage ich doch. Von allen meinen Freundinnen habe ich immer schon am meisten über das Leben gewusst. Eben weil ich so viel Zeit mit meiner Großmutter verbracht habe...«

»Das ist doch eine schöne Erinnerung. Aber warum erzählen Sie nicht weiter?«

»Weil mir der hässliche Teil der Geschichte wieder eingefallen ist.«

»Und der wäre, Majo?«
»Der Tod meiner Großmutter.«
Dieses Thema setzte ihr zu, das merkte man deutlich – aber wie sollte es auch anders sein. Deshalb sagte ich jetzt:
»Erzählen Sie mir, wie das war.«
»Es fällt mir schwer, darüber zu sprechen. Eigentlich erinnere ich mich kaum noch daran. Ich war damals ja noch ziemlich klein. Ich weiß aber noch, dass ich sie sehen wollte.«
»Und?«
»Ich habe sie gesehen. Meine Mama hat mich hochgehoben und ich habe einen Blick in den Sarg werfen können, ihre Hände sahen unter dem Leichentuch hervor, und ihr Gesicht war wie aus Porzellan. Ich habe sie auf die Stirn geküsst. Sie war kalt und ganz hart...«
»Wissen Sie noch, wie Sie sich in diesem Augenblick gefühlt haben?«
»Ja. Ich hab mir gesagt: ›Wie schön sie ist!‹«
»Schön?«
»Ja... Na gut, sie sah schön aus, ein schöner Anblick, auch wenn sie selbst natürlich nicht mehr da war... Das habe ich gemerkt, als ich sie geküsst habe. Und da habe ich mich gefragt, wo sie wohl ist, wohin sie gegangen ist...«
»Erzählen Sie weiter, bitte.«
Sie seufzte.
»Und ich hatte das Gefühl, ich muss unbedingt wissen, was das ist, der Tod.«
»Wie alt waren Sie damals, Majo?«
»Sechs.«

Wir schwiegen lange. So lange, dass ich froh war, mich dafür entschieden zu haben, Majo bei unseren Gesprächen auf der Couch liegen zu lassen.

Dass Kinder beim Gedanken an den Tod große Angst empfinden, ist normal. Vor allem bei der Vorstellung, ihre Eltern würden sterben. Eine Angst, die in der Jugend wieder auftaucht, dann jedoch meistens verkleidet beziehungsweise auf etwas scheinbar anderes bezogen oder auch in Gestalt unerklärbarer nächtlicher Angstzustände. Majo dagegen hatte schon mit sechs deutlich in ihrem Inneren etwas gespürt, was der spanische Schriftsteller und Philosoph Miguel de Unamuno seinerzeit als »das tragische Lebensgefühl« bezeichnet hatte. Das heißt, ein klares Bewusstsein der Tatsache, dass wir eines Tages sterben werden. Was Majo jedoch nicht ertragen konnte, war die Tatsache, nicht zu wissen, was das Sterben beziehungsweise der Tod eigentlich war.

»Und jetzt? Was fühlen Sie heute bei dem Gedanken an dieses Thema?«

»Das Gleiche wie immer: Dass ich wissen möchte, was das ist, und wie es ist, wenn man stirbt, und ob man es merkt, wenn man stirbt.«

Schweigen.

»Gabriel, nicht heute, aber bei anderer Gelegenheit müssen wir mal über etwas sprechen.«

»Warum nicht heute?«

»Darum. Heute möchte ich weiter über das sprechen, worüber wir am Anfang gesprochen haben. Es hat mir gutgetan, von meiner Kindheit mit meiner Großmutter zu erzählen.«

»Aber das, worüber Sie jetzt nicht sprechen möchten, ist wichtig für Sie, oder?«

Sie drehte sich auf den Bauch und schob die Hände unter das Kinn. Dann sah sie mich fest an. Sehr ernst.

»Ja. Aber nicht heute.« Daran war nicht zu rütteln.

Wir sahen uns lange an. Allmählich entspannte sie sich wieder, und ihr schönes Lächeln kehrte zurück.

»Gut. Sie nehmen es mir aber nicht übel, oder?«

»Nein, Majo, natürlich nicht.«

»Schön, dann mache ich jetzt weiter.«

Sie drehte sich wieder auf den Rücken und sprach weiter. Es fiel mir jedoch schwer, ihr aufmerksam zuzuhören, nachdem der so ernste, tiefsinnige, ja geradezu schicksalsergebene Teil von ihr zum Vorschein gekommen war.

Etwas später hatte die fröhliche junge Frau, die sie war, erneut die Zügel ergriffen. Trotzdem wusste ich, dass die andere, die in ihr steckte, mir etwas mitzuteilen hatte. Und es gab nur drei Dinge, die ich sicher darüber wusste: Es war etwas Wichtiges, es hatte mit dem Tod zu tun und es machte Majo Angst.

Eine der größten Tugenden eines Psychoanalytikers ist die Geduld. Das wusste ich. Trotzdem fiel es mir schwer, entspannt zu bleiben, wenn es um ein solches Thema ging. Es war zum Greifen nahe gewesen, hatte sich aber im letzten Augenblick wieder davongemacht. Doch es würde zurückkehren, da war ich mir sicher. Das ist so mit traumatischen Erlebnissen: Sie kehren immer zurück. Und auch in diesem Fall sollte es nicht anders sein.

Zu einer Sitzung, die zwei Monate später stattfand, erschien Majo mit einem schelmischen Lächeln im Gesicht. Ihre Augen glänzten und sie war offensichtlich aufgeregt.

»Hallo«, sagte ich, »ist etwas?«

Sie konnte ein Lachen kaum unterdrücken.

»Setzen Sie sich und machen Sie die Augen zu«, sagte sie.

»Was?«, fragte ich überrascht.

»Los, setzen Sie sich und machen Sie die Augen zu.«

»Majo, sehen Sie, ...«

»Bitte, ich möchte Ihnen etwas schenken.«

Ich sah sie an und überlegte, wie ich reagieren sollte. Ich musste mir schnell etwas einfallen lassen, schließlich stand sie vor mir und wartete auf eine Antwort.

Als Analytiker kommt man immer wieder in eine Lage, in der man rasch eine Entscheidung treffen muss, und erst mit der Zeit stellt sich heraus, ob sie richtig war. In diesem Fall beschloss ich jedenfalls, Majos Bitte nachzugeben. Ich ging also zu meinem Stuhl, setzte mich und schloss die Augen.

Ich hörte, dass sie ihre Handtasche aufmachte, zu meiner Musikanlage ging und sie anschaltete. Dann legte sie eine CD ein, und kurz darauf erklang die Einleitung zu einem Stück, das ich zu kennen glaubte. Was war es nur gleich wieder? Ah ja, eine Arie aus *Miss Saigon*.

Das war also Majos Geschenk. Glaubte ich zumindest am Anfang. Bis ich begriff, dass es um etwas anderes ging.

Denn am Ende der Einleitung fing Majo zu meiner großen Überraschung an zu singen. Unwillkürlich wandte ich den Kopf in ihre Richtung, aber sie hatte mich ja gebeten, die Augen zu schließen. So fiel es ihr offenkundig leichter, vor mir zu singen. Ich ließ die Augen also zu, lehnte mich zurück und beschloss, ihr Geschenk zu genießen.

Sie hatte eine sanfte, weiche Stimme. Und sie sang wirklich gut. Natürlich war es noch keine fertig ausgebildete Stimme, es gab kleine Unreinheiten, den einen oder anderen Misston, aber trotzdem klang sie insgesamt entzückend. Als die Arie zu Ende war, wartete ich noch ein paar Sekunden, bevor ich die Augen aufmachte. Sie stand vor mir, verlegen, aber glücklich.

»Tja, also das war's.«

»...«

»Und?«

»Was soll ich sagen? Vielen Dank für Ihr Geschenk. Wirklich, herzlichen Dank.«

»Aber... Hat es Ihnen gefallen?«

»Ja«, sagte ich, und das war nicht gelogen. »Es hat mir sehr gut gefallen. Und es war ein wunderschöner Augenblick.«

Sie sah mich an, lächelte und legte sich auf die Couch.

»Das hat mich echt Überwindung gekostet.«

»Ich weiß. Aber...«

»Lassen Sie es, heute war ich einfach mutig genug. Außerdem möchte ich Ihnen jetzt etwas erzählen.«

»Gut, ich höre Ihnen zu.«

»Es ist jetzt zwei Jahre her. Es war nach einem Streit mit meinem Freund. Ich fühlte mich traurig, deprimiert. Und ich war allein in meinem Zimmer und weinte. Da wurde mir auf einmal klar, wie sehr ich mich nach meiner Großmutter sehnte, wie sehr ich sie vermisste. Ich habe alle meine Gedanken auf sie konzentriert und versucht, meine Erinnerungen an sie heraufzubeschwören.«

»Und?«

»Da kam mir die Erinnerung an mein letztes Bild von ihr, an ihren kalten Körper, der so hart war wie Marmor. Aber ich hatte das Gefühl, dass mir das nicht weiterhalf, ich musste anders mit ihr in Verbindung treten, wirklicher. Irgendwie war sie offenbar noch am Leben, nur wie genau, das wusste ich nicht. Jedenfalls wollte ich sie unbedingt finden, wo auch immer sie war. Und da habe ich es getan.«

»Was haben Sie getan?«

»Ich habe den Tod aufgesucht.«

Was sie da erzählte, war sehr hart, für sie und auch für mich, aber jetzt gab es kein Zurück mehr.

»Wie haben Sie das gemacht?«

»Ich bin ins Bad gegangen und habe eine Schachtel Schlaftabletten aus dem Schrank genommen. Ich habe sie gezählt und dann eine nach der anderen eingenommen. In aller Ruhe.«

Schweigen. Ein tiefer Seufzer.

»Mehrere Minuten vergingen. Ich habe mich immer entspannter gefühlt. Und ich habe gemerkt, dass ich dabei war, einzuschlafen. Aber das wollte ich nicht. Ich wollte unbedingt bei Bewusstsein bleiben, sonst wäre ich ja gestorben, und sterben wollte ich nicht… Zumindest nicht, ohne zu wissen, was der Tod ist.«

Ich hielt den Atem an und sagte kein Wort. Nichts sollte ihre Erinnerungen und den Bericht davon stören. Den Rest der Sitzung überließ ich ihr, sie sollte selbst entscheiden, wann und wie lange sie erzählte und wann sie schwieg.

Ich war mir sicher, dass sie noch nie mit jemandem darüber gesprochen hatte, nicht einmal mit ihrer besten Freundin Valeria. Ja, vielleicht noch nicht einmal mit sich selbst.

»Da habe ich gemerkt, dass das zu nichts führt, dass ich so keine Antwort auf meine Frage finde. Und dann habe ich all meine Kraft zusammengenommen und bin aufgestanden, so gut ich konnte. Alles hat sich um mich gedreht. Ich bin aus dem Zimmer, rüber zu meiner Schwester. Sie hat gerade telefoniert, ihre Stimme klang, als wäre sie ganz weit weg, aber ich musste unbedingt zu ihr. Also hab ich die Tür aufgemacht und zu ihr gesagt: ›Hilf mir...‹«

Schweigen.

»Und was war dann?«

»Ich weiß nicht. Ich bin in einem Zimmer im Krankenhaus aufgewacht. Na ja, Sie können es sich schon denken: Man hatte mir den Magen ausgepumpt und so. Und dann die Gesichter meiner Eltern... Sie konnten überhaupt nicht begreifen, was passiert war.«

»Und Sie, haben Sie es verstanden?«

»Nein. Sie haben mir leidgetan, sie haben mir immer alles gegeben, und ich liebe sie. Wenn ich vor der Geburt hätte wählen können, hätte ich mir genau jemanden wie sie als Eltern ausgesucht. Aber wie auch immer – ich musste es einfach wissen. Ist es so schlimm, wenn man etwas wissen will?«

Mit ihrer Frage forderte sie mich auf, dieser Geschichte einen Sinn zu geben, ihrem so starken und gleichzeitig so gefährlichen Wunsch eine Grenze zu setzen. Sie bat mich um Hilfe. Diesmal nicht ihre Schwester, sondern mich.

»Majo, natürlich ist es nicht schlimm, wenn man etwas wissen möchte. Im Gegenteil, die Welt, so wie wir sie heute kennen, ist das Ergebnis unseres Wunsches zu wissen. Aber mit manchen Dingen müssen wir einfach lernen zu leben. Eines dieser Dinge ist, dass wir nicht alles wissen können. Eine Erklärung für den Tod werden wir nie finden.«

Ich ließ ihr ein paar Sekunden Zeit, um über meine Worte nachzudenken.

»Mit diesem Zweifel sind Sie nicht allein, darüber zerbrechen wir Menschen uns den Kopf, seit es uns gibt. Und jede Kultur hat versucht, diese Frage zu beantworten, so gut sie konnte. So entstanden die Mythen und später die Religionen. Jeder kann gläubig sein oder nicht, das würde ich niemals infrage stellen. Ich sage auch nicht, dass es Gott nicht gibt, das überlasse ich dem Bewusstsein und dem Glauben der anderen. Aber unabhängig davon ist Gott eine der Antworten, die die Menschen gefunden haben, um die Angst zu besänftigen, die sie angesichts ihrer Unwissenheit über den Tod empfinden. Sehen Sie, Sie sagen, dass Ihre Großmutter irgendwo sein muss. Das zeigt, dass Sie glauben, dass es da noch mehr gibt. Die Geschichte, die Sie erzählt haben, verrät dagegen, dass die Antworten aus den Büchern Ihnen nicht genügen. Deshalb haben Sie sich anderswo auf die Suche gemacht, in einem Gebiet jenseits dieser Welt. Aber dorthin dürfen wir nicht, Majo, dieses Gebiet ist für uns tabu … Dort wird unser Sein ausgelöscht.«

»Was soll ich denn dann machen?«

»Vielleicht lernen, mit der Ungewissheit zu leben. Man kann nicht alles wissen. Niemand kann alles wissen. Niemand außer Gott, falls Sie an ihn glauben. Aber Sie sind nicht Gott, Majo. Also werden Sie so leben müssen wie die meisten von uns sterblichen Menschen.«

»Und wie ist das?«

»In der Unsicherheit, manchmal auch in der Angst, nicht zu wissen, was uns jenseits dieses Lebens erwartet. Wer aber absolute Gewissheit darüber erlangen will, der bewirkt die eigene Zerstörung. Denn in Bezug auf das Geheimnis des Todes gibt es keine Gewissheit, alles, was es gibt, sind Theorien, Gedanken, Zweifel... und immer wieder die Angst. Aber so schlimm ist es auch nicht, in Bezug auf das eine oder andere Angst zu haben, oder?«

Schweigen.

»Und meine Großmutter?«

»Sie werden lernen müssen, ohne ihre leibhaftige Anwesenheit auszukommen. Suchen Sie in Ihren Erinnerungen nach ihr, in den Augenblicken, die Sie zusammen verbracht haben, und wenn Ihnen das nicht reicht, müssen Sie lernen, ohne sie auszukommen.«

Schweigen.

»Gabriel.«

»Was?«

»Helfen Sie mir dabei?«

»Natürlich. Ich bin hier, solange Sie mich brauchen.«

Meine Worte beruhigten sie. Sie forderte mich also auf, ihr in ihrer Angst beizustehen. Oder, wenn man so will: Sie bat mich, den Platz ihrer verstorbenen Großmutter einzunehmen. Nun gut, als Analytiker kann man nicht immer den Platz einnehmen, den man gerne möchte...

Unsere gemeinsamen Sitzungen gingen noch drei Jahre weiter. Majo befasste sich intensiv mit der Trauerarbeit um ihre verstorbene Großmutter. Immer wieder weinte sie, wurde zornig, äußerte ihr Unverständnis. Aber in jedem Fall *sprach* sie über ihren Schmerz, und das war gut so. So konnte sie ihren Kummer in Worte fassen.

Es gibt eine Grundregel, die jeder Psyhonalaytiker kennen muss: »Was man nicht in Worte fasst, setzt man in Taten um.«

Eine schwerwiegende Tat hatte Majo bereits ausgeführt. Dazu gebracht hatte sie ihre Unfähigkeit, ihren Kummer zu benennen. Doch jetzt war sie imstande, ihn in Worte zu fassen, und bei unseren Sitzungen räumten wir dem weiterhin viel Raum ein. Wir unterhielten uns aber auch über ihre Zukunftspläne.

Sie wollte tanzen und singen. Vor allem aber wollte sie leben, was das eigentlich Wichtige war.

Nach und nach war sie immer weniger besessen von dem Thema Tod. Bis dieses Thema eines Tages in unsere Sitzungen zurückkehrte. Ich erinnere mich noch mit schmerzlicher Deutlichkeit daran.

Nur weil es von der Universität verlangt wurde, hatte sie sich einer Routineuntersuchung unterzogen. Sie hatte mir nichts davon erzählt, schließlich handelte es sich bloß um die Erfüllung einer bürokratischen Vorschrift.

Bei der Sitzung erzählte sie mir von einem Streit mit

ihrem Freund. Nichts Besonderes. Zehn Minuten vor dem Ende sagte sie jedoch auf einmal wie nebenbei:

»Ich habe Leukämie. Ich weiß nicht, ob ich es Sebastián sagen soll. Wenn er nicht mal imstande ist, zu...«

»Moment mal, Majo. Was sagen Sie da?«

Sie drehte sich auf der Couch zu mir um und sah mich an. Mit einem zärtlichen Gesichtsausdruck. Sie zuckte mit den Schultern und machte es sich wieder bequem.

»Ja, ich habe Leukämie.«

»Sind Sie sicher?«

Ich fragte sie das, weil es bei Jugendlichen oft genug vorkommt, dass sie sich irgendwelchen Phantasien hingeben und Dinge maßlos übertreiben. So war es aber nicht. Majo übertrieb gar nichts, es war tatsächlich so dramatisch, wie sie gesagt hatte.

Daraufhin erzählte sie von der Untersuchung und wie sie von dem Ergebnis erfahren hatte. Ich fragte, ob ich mich mit ihrem Onkologen und mit ihren Eltern in Verbindung setzen dürfte. Sie war nicht nur einverstanden damit, sondern geradezu dankbar, dass ich auf diese Weise ihren Arzt und ihre Familie in unseren analytischen Raum mit einbezog.

Ich sprach mit den Eltern, rief den Arzt an und schlug Majo vor, dass wir uns künftig zweimal pro Woche treffen sollten. Außerdem bot ich ihr an, an einer Therapiegruppe teilzunehmen. Sie war mit allem einverstanden. Sie wollte gegen die Krankheit kämpfen und vertraute mir.

»Zusammen können wir es schaffen«, sagte sie.

Ich hätte gerne mit ja geantwortet. Aber ich fühlte mich

verpflichtet, ihr gegenüber immer ehrlich zu sein und ihr niemals die Wahrheit vorzuenthalten. Und sie wusste, wie ich ihr auch schon des Öfteren gesagt hatte, dass man manche Dinge im Leben eben nicht schaffen kann. Deshalb umarmte ich sie zum Abschied fest – sie brauchte das in diesem Augenblick, und ich auch – und sagte:

»Ich schwöre Ihnen, wir werden alles versuchen. Und was auch passiert, ich werde immer an Ihrer Seite sein.«

»Haben Sie Angst?«

»Sie nicht?«

»Nein. Ich habe festgestellt, dass ich leben möchte. Und ich werde leben. Vielleicht ...«

»Vielleicht was?«

»Vielleicht ist das die Gelegenheit, herauszufinden, was der Tod ist.«

Ich erwiderte nichts darauf. Mit Tränen in den Augen verabschiedeten wir uns voneinander.

Ich weiß noch, dass ich in mein Behandlungszimmer zurück ging, mich auf die Couch setzte und mir sagte: ›Das kann nicht sein.‹ Es war aber so, und ich musste es hinnehmen. Daraufhin beschloss ich, mit allen mir zur Verfügung stehenden Mitteln dafür zu kämpfen, dieses Unheil abzuwenden. Aber weder Majo noch ich waren Gott.

Als ich der Gruppe vorschlug, Majo aufzunehmen, sagte ich dazu, dass es sehr hart sein könne, jemanden mit einer wahrscheinlich unheilbaren Krankheit teilnehmen zu lassen. Allerdings, fügte ich hinzu, sei ich der Meinung, die Gruppe, so wie sie sich jetzt zusammensetzte, könnte für Majo eine große Hilfe sein, wie auch Majo ihrerseits – und davon war ich tatsächlich überzeugt – für die Gruppe von großem therapeutischem Wert sein könnte.

Zwei Mitglieder der Gruppe baten um eine Woche Bedenkzeit, was ich ihnen selbstverständlich zugestand. Bei der nächsten Sitzung erklärten dann auch sie ihre Zustimmung. Und als Majo zum ersten Mal in der Gruppe erschien, waren alle Anwesenden von ihrem Auftreten sehr beeindruckt.

»Hallo«, stellte sie sich vor, »ich bin Majo. Ich singe, tanze und studiere ansonsten PR. Gabriel hat gesagt, er glaubt, es kann für euch und für mich gut sein, wenn ich an der Gruppe teilnehme. Na gut, hier bin ich also, und ich würde es gerne ausprobieren.«

Über ihre Krankheit sagte sie nichts. Die Stimmung während der nun beginnenden Sitzung war ein wenig seltsam. Ich wartete erst einmal ab, wie die anderen mit der Sache zurechtkommen würden. Ungefähr nach der ersten Hälfte entschloss sich Jorge, der streitlustigste der Teilnehmer, das Thema anzusprechen. Auf seine Art.

»Gabriel, ich glaube, hier gibt es etwas, was niemand ausspricht, aber ich habe doch das Bedürfnis, das jetzt zu tun. Weil es mir Angst macht. Ich weiß nicht, ob ich jemandem nützlich sein kann, der sterben wird.«

Tiefes Schweigen trat ein. Doch Majo meldete sich umgehend zu Wort:

»Sprechen Sie von sich?«

»Was?«

»Ja. Ich frage, ob Sie von sich sprechen. Denn Sie werden auch sterben. Sie sind fünfunddreißig, haben keine Freundin, haben eine schlechte Beziehung zu Ihrer Familie und sind furchtbar einsam. So weit ich gehört habe, haben Sie seit zwei Jahren nicht mehr gevögelt und Sie haben keine Freunde. Wenn Ihnen also jemand leidtun sollte, dann nicht ich, denn ich bin zweiundzwanzig, habe viele gute Freunde und letzte Nacht habe ich unvergesslich schönen Sex gehabt. Stimmt, ich habe ein Problem, aber Sie auch. Also schlage ich vor, jeder steht zu seinem Problem, und wir sehen, ob wir uns gegenseitig helfen können.«

Majo wurde zur zentralen Figur der Gruppe. Keiner äußerte so oft und so freimütig seine Meinung wie sie, und schon bald hing das Funktionieren der Gruppendynamik im Wesentlichen von ihr ab. Etwa einen Monat nach ihrer ersten Teilnahme an der Therapiegruppe erschien sie mit kurzgeschorenem Haar zu unserer Einzelsitzung.

»Steht mir gut, oder?«

»Ja«, sagte ich.

Und das stimmte wirklich.

Während der schlimmsten Zeit ihrer Chemotherapie konnte sie nicht in die Praxis kommen. Also ging ich zu ihr nach Hause. Wir setzten uns in die Küche und tranken Kaffee. Auf die Couch verzichteten wir dabei logischerweise. Da die Maßnahmen zur Bekämpfung ihrer Krebserkrankung kaum anschlugen – der Arzt sagte mir, dass es so gut wie keine Hoffnung für sie gebe –, willigte sie ein, sich einer Knochenmarktransplantation zu unterziehen.

Ich begleitete sie in dieser ganzen Zeit. Nicht nur ihr zuliebe. Auch meinetwegen.

Ich weiß noch, wie wir unsere Sitzung einmal, durch die Glasscheibe eines isolierten Krankenhauszimmers, per

Telefon abhielten. Sie durfte damals zu niemandem Kontakt haben, weil sie in ihrem Zustand über so gut wie keine Abwehrkräfte verfügte. Trotzdem war sie guten Mutes und versicherte mir immer wieder, dass die Krankheit sie nicht besiegen werde. Jedes Mal wenn sie das wiederholte, sagte ich im Stillen zu mir selbst: ›Hoffentlich, Majo, hoffentlich!‹

Ich teilte all diese Augenblicke mit ihr – die langen Gespräche in Einzelsitzungen und in der Gruppe, das Warten auf die Therapieergebnisse, zusammen mit ihrer Familie, zu der ich ein sehr enges und herzliches Verhältnis entwickelte – noch heute umarmen wir uns, wenn wir uns irgendwo begegnen.

An einem Sonntagmorgen bat ich die diensthabenden Pfleger auf der Intensivstation, mich zu Majo zu lassen, obwohl gerade keine Besuchszeit war. Ich bat nicht nur um die Erlaubnis, Majo sehen zu dürfen, sondern auch um den neuesten Behandlungsbericht der Ärzte. Beides wurde mir zugestanden.

Es war ein harter Schlag, sie zu sehen.

Leider habe ich aus beruflichen wie auch aus persönlichen Gründen einige Erfahrung, was den Besuch auf Intensivstationen angeht. Vorsichtig trat ich an Majos Bett. Ich wusste nicht, ob sie mich überhaupt hören konnte – wahrscheinlich nicht –, aber ich wollte ihr unbedingt den Kopf streicheln und ihr einen Kuss geben. Dazu sagte ich:

»Hier bin ich, Majo. Bei Ihnen, wie ich es versprochen habe.«

Der diensthabende Arzt, der mich begleitet hatte, sah mich an.

»Herr Rolón«, sagte er, »Sie wissen, dass sich die Krankheit nicht mehr aufhalten lässt, oder? Es sei denn, man glaubt an ein Wunder.«

Das sagte er mir nicht aus Bosheit, sondern sozusagen unter Kollegen. Es ging ihm um den Respekt vor der Wahrheit, so grausam sie auch war.

»An Wunder glaube ich nicht, und ich bin auch in religiösem Sinn nicht gläubig. Aber wenn ein Mensch ein Wunder verdient hätte, dann diese junge Frau, die so um ihr Leben kämpft.«

Er sah mir in die Augen: »Wir werden alles tun, was in unserer Macht steht.«

Ich nahm Majos Hand und sagte: »Wir auch.«

Majo hatte so viel Energie und ihr Wunsch, zu leben, war so stark, dass ich zeitweilig tatsächlich glaubte, es könne gelingen, das Verhängnis abzuwenden. Ja, wenn wir uns zu dieser Zeit unterhielten, stand die Krankheit selbst eigentlich nie im Mittelpunkt. Majo träumte von der Zukunft, und wir arbeiteten weiter an einem Thema, das wir aufgegriffen hatten, kurz bevor sie von ihrer Erkrankung erfahren hatte. Sie wollte dabei unbedingt zu einer Lösung kommen, und zum Glück gelang ihr das auch, wie sie mir eines Tages glücklich mitteilte.

»Wir haben es geschafft«, sagte sie strahlend.

Es war unsere letzte gemeinsame Sitzung.

Eine Verschlechterung trat ein, und Majo musste umgehend zurück ins Krankenhaus. Am Mittag rief ich sie dort an, und wir verabredeten uns gleich für den nächsten Morgen. Durch die Sauerstoffmaske, die sie tragen musste, hörte es sich an, als spräche sie von einem Tunnel aus. Wir machten Scherze darüber.

»Ich warte auf Sie«, sagte sie.

»Wir sehen uns morgen«, erwiderte ich.

Das war das einzige Versprechen, das wir beide nicht einhalten konnten.

Noch am Abend desselben Tages erhielt ich von ihrem Vater die traurige Nachricht. Kurz, knapp, einfach, tragisch.

»Majo ist gerade gestorben.«

Ich wusste nicht, was ich sagen sollte.

Ich legte auf und weinte lange. Ich hatte Schuldgefühle, denn mir war bewusst, dass es bei solchen Erkrankungen immer auch einen psychosomatischen Anteil gibt. Vielleicht hätte ich bessere Arbeit leisten können. Der Schmerz ging mir durch und durch, ich konnte es einfach nicht fassen.

Ich ging in mein Behandlungszimmer, setzte mich in den Sessel und betrachtete die Couch. In all den Jahrem meiner Berufstätigkeit hatte ich noch nie einen solchen Schmerz empfunden.

Majo würde nie wieder zu einer Sitzung zu mir kommen. Nie wieder würde sie sich auf meine Couch legen, und wie Antoine de Saint-Exupéry wurde mir bewusst, dass ich jenes kristallklare Lachen nie wieder hören würde.

Am Abend ging ich zur Totenwache. Ich stellte mich neben den Sarg, um sie auch jetzt noch zu begleiten, wie ich es ihr versprochen hatte. Ich betrachtete sie und spürte auf einmal das Mädchen, das verzückt seine Großmutter angesehen hatte – Majo war ihre Großmutter, und ich war Majo. Vielleicht wollte ich sie so zurück an meine Seite holen.

Ich erfuhr, dass sie in den Armen ihrer Mutter gestorben war, einer der stärksten Persönlichkeiten, die mir in meinem Leben begegnet sind.

An diesem Abend verabschiedeten wir uns mit einer festen und aufrichtigen Umarmung. Wir alle, auch Majo, hatten alles getan, was wir konnten. Aber oftmals ist alles nicht genug.

Das war meine Geschichte mit Majo.

Immer wieder habe ich das Gefühl, dass sie irgendwo ist – das gleiche Gefühl, das sie mit ihrer Großmutter hatte. Mit meiner Praxis bin ich inzwischen umgezogen. Trotzdem spüre ich jedes Mal am Ende eines Arbeitstages, bevor ich gehe, Majos Gegenwart. Vielleicht ist das auch nur deshalb so, weil ich das Bedürfnis danach empfinde. Ich weiß es nicht.

Majo verspürte stets den großen Wunsch zu wissen, was der Tod ist; andererseits hing sie mit jeder Faser ihres Herzens am Leben. Wie auch immer, das letzte Wort in dieser Geschichte überlasse ich ihrer Mutter. Als Majos Analytiker interessierte ich mich immer ganz besonders für das, was Majo *sagte*, für jedes einzelne Wort, und auch für das, was sie ganz zuletzt sagte.

»Vicky«, fragte ich ihre Mutter, »hat Majo noch etwas gesagt, bevor sie gestorben ist?«

»Ja«, antwortete sie. »Sie hat mich angesehen und gesagt: ›Das ist also der Tod.‹«

Die Eifersucht und ihre Masken

Daríos Geschichte

»Schritte, die vor meinen Schritten geboren,
tragen mich bis an den Rand des Abgrunds.«
                                    A. Dolina

Ich sah auf die Uhr. Viertel nach neun am Abend. Darío hätte schon seit einer Viertelstunde hier sein müssen. Seltsam, sonst war er immer pünktlich und ließ nie eine Sitzung ausfallen ohne rechtzeitig abzusagen, das wäre heute das erste Mal. Ich sah mir seinen Therapiebericht an. Worüber hatten wir bei unserem letzten Treffen gesprochen? Vielleicht hatte es da etwas gegeben, das seine heutige Verspätung erklären könnte ...

Es klingelte.

Das musste er sein.

»Hallo. Ja, Darío, komm rauf.«

Ich öffnete die Tür und wartete auf die Ankunft des Aufzugs. Es dauerte keine Minute, dann stand Darío vor mir.

»Bitte, kommen Sie rein.«

Er machte einen niedergeschlagenen und nervösen Eindruck. Wir gingen in mein Behandlungszimmer, und ich schloss die Tür hinter uns. Er stellte seine Aktentasche ab und warf sich auf die Couch. Ich setzte mich in meinen Sessel und wartete, dass er zu sprechen begann. Mehrere Minuten verstrichen, bis er endlich etwas sagte.

»Das war's erst mal, Gabriel.«

»Wie meinen Sie das?«

»Ich komme so spät, weil ich noch etwas gemacht habe.«

»Was haben Sie denn gemacht?«

»Über meine verschiedenen Verkleidungen, über die unterschiedlichen Rollen, die ich manchmal einnehme, haben wir ja schon gesprochen, daran erinnern Sie sich, oder?«

»Ja.«

»Na gut, heute gab es eine neue. Aber die gefällt mir überhaupt nicht, und es gibt auch keinerlei Rechtfertigung dafür.«

»Als was haben Sie sich denn diesmal verkleidet?«

Er holte tief Luft und seufzte.

»Als Privatdetektiv.«

Privatdetektiv. Das hieß, er hatte in den Sachen von jemand anderem herumgeschnüffelt, vielleicht hatte er heimlich dessen Terminkalender durchgesehen, oder die E-Mails, oder er hatte jemanden, hinter einem Baum versteckt, beobachtet. Aber was genau? Es gab für mich nur einen Weg, das herauszufinden:

»Also gut, Darío. Ich höre Ihnen zu.«

Darío fing vor zwei Jahren mit seiner Analyse bei mir an. Andrés, ein anderer meiner Patienten, der mit Darío befreundet war, hatte ihn an mich verwiesen. Von Andrés hatte ich gehört, Darío sei ein großer Verführer, ein echter »Siegertyp«, wie Andrés es ausdrückte. Jemand, der, egal wo und unter welchen Umständen, sofort im Mittelpunkt stehe. Offenbar war er ein sehr talentierter Lehrer, der sich im Umgang mit den Schülern beneidenswert leicht tat.

»Mein Freund Darío hat mich um Ihre Telefonnummer gebeten. Darf ich sie ihm geben?«

»Natürlich.«

»Ehrlich gesagt kann ich mir gar nicht vorstellen, warum er zu einem Psychologen gehen möchte, schließlich läuft bei ihm immer alles bestens.«

Seltsam, wie die Leute sich manchmal täuschen und sich ein Bild von jemandem machen, das nur wenig mit der Wirklichkeit zu tun hat.

Darío war zwar in der Tat ein sehr sympathischer, angenehmer, witziger und attraktiver junger Mann. Und doch hatten sein Humor und seine gute Laune etwas Übertriebenes, sodass sein Benehmen insgesamt etwas zwanghaft wirkte.

Als ich ihn kennenlernte, war er dreißig Jahre alt. Er war Musiklehrer, hatte am staatlichen Konservatorium studiert und spielte wunderbar Klavier; außerdem komponierte er sehr gut.

Er arbeitete an derselben Sekundarschule, an der Andrés Mathematik unterrichtete. Wie immer befragte ich ihn zunächst ein wenig über sein bisheriges Leben und die Familie, aus der er stammte. Er war als Einzelkind aufgewachsen.

»Meine Eltern hatten schon immer eine perfekte Beziehung«, sagte er. »Dass die Eltern an allem schuld sein sollen, kann man in meinem Fall ganz bestimmt nicht sagen. Da bin ich offensichtlich die Ausnahme, die die Regel bestätigt. Meine Eltern sind wirklich ein wunderbares Paar. Sie verstehen sich großartig, ich habe sie nie streiten sehen. Natürlich gibt es manchmal kleine Auseinandersetzungen über irgendwelche völlig nebensächlichen Dinge, aber nie etwas wirklich Schwerwiegendes. Ehrlich gesagt, habe ich immer geträumt, eines Tages eine Partnerin zu finden wie die meines Vaters... Also, eine Partnerschaft wie die meiner Eltern, meine ich.«

›Meine ich‹ – gesagt hatte er aber zunächst: ›Eine Partnerin wie die meines Vaters.‹ Und die ›Partnerin seines Vaters‹ war natürlich seine Mutter.

Hätte es sich nicht um ein Vorbereitungsgespräch gehandelt, hätte ich ihn auf seinen »Versprecher« hingewiesen und ihn daran arbeiten lassen, so aber musste ich der Versuchung erst einmal widerstehen – die eigentliche Analyse hatte noch nicht begonnen. Trotzdem, ich hatte gehört, was er gesagt hatte, und diese Äußerung von ihm würde uns bestimmt noch von großem Nutzen sein.

Der Grund dafür, dass er sich an mich gewandt hatte, war die Beziehung zu seiner Freundin Silvina. Sie war damals sechsundzwanzig Jahre alt und arbeitete als Sportlehrerin an derselben Schule wie Darío.

»Sie ist wunderschön, und sie hat einen Wahnsinnskörper... Wenn Sie sie sehen würden, würde es Sie sofort umhauen. Ich habe ein Foto von ihr dabei, aber das zeige ich Ihnen nicht, sonst wollen Sie sie mir auch noch wegnehmen«, sagte er scherzend.

»›Ich auch noch‹ – wer will sie Ihnen denn sonst noch wegnehmen?«

»Alle.«

»Hm, ist das nicht ein bisschen übertrieben?«

»Bestimmt nicht, ich schwöre es Ihnen. Schon allein ihr Hintern ... Er ist wirklich unglaublich.«

»Herzlichen Glückwunsch! Ihre Freundin gefällt Ihnen also sehr. Was ist dann das Problem?«

»Dass sie nicht nur mir gefällt. Wie gesagt, alle sind total scharf auf sie – Sie müssten mal sehen, wie alle sie anstarren. Wenn sie mit den Schülerinnen rhythmische Sportgymnastik trainiert, hat sie so ein Ballett-Trikot mit kurzem Röckchen an, und dazu enganliegende Strumpfhosen. Was meinen Sie, wie die Väter und die anderen Lehrer sie anstarren. Denen fallen fast die Augen aus dem Kopf.«

Das Erste, was mir an Daríos Äußerungen auffiel, war, dass das Sehen eine so große Rolle darin spielte: ›Wenn Sie sie sehen würden, würde es Sie sofort umhauen.‹ ›Sie müssten mal sehen, wie alle sie anstarren.‹ ›Ich habe ein Foto von ihr dabei.‹ (Dieses Foto durfte aber nur er selbst sehen, anders gesagt: *Er* entschied, was ich sehen durfte und was nicht.) Ich beschloss jedoch, auch diese Besonderheit vorläufig nicht anzusprechen.

»Macht Ihnen das etwas aus?«

»Ob es mir etwas ausmacht? Es macht mich total verrückt! Jedesmal, wenn wir streiten, geht es genau darum.«

»Streiten Sie oft?«

»Immer, den ganzen Tag.«

»Wer fängt denn damit an?«

»Sie, oder nein, eigentlich ich ... Ach, ich weiß nicht.«

»Entschuldigung, das verstehe ich nicht – sie, oder Sie selbst, oder wissen Sie es nicht?«

»Na ja, also sie fängt an, indem sie diese Hosen anzieht,

die dermaßen ihre Kurven betonen, oder diese Miniröcke, die einfach skandalös kurz sind.«

»Moment mal, Sie wollen also sagen, dass sie jedes Mal, wenn sie etwas anzieht, einen Streit provoziert.«

Er lachte.

»Klingt ganz schön bescheuert, was?«

»Ein bisschen seltsam auf jeden Fall. Möchten Sie darüber mit mir sprechen?«

»Sehen Sie, Gabriel, ich bin mir sicher, dass sie niemanden bewusst provozieren will. Außerdem ist sie ein unglaublich anständiger Mensch, sie wäre unfähig, mich zu betrügen, das weiß ich genau. Das heißt, hier, im Kopf, weiß ich das, aber hier« – er deutete auf seine Brust – »fühle ich etwas anderes, und dagegen kann ich nichts machen. Da habe ich das Gefühl, sie möchte die anderen sehr wohl provozieren. Ich würde auf dieses Gefühl liebend gern verzichten, aber ich bekomme meine Eifersucht einfach nicht in den Griff, es geht nicht, ich komme nicht dagegen an.«

Aha, da war es also, das Symptom.

Wenn ein Patient zugibt, dass er »nicht dagegen ankommt«, sagt er damit: »Ich weiß es, ich verstehe es, aber ich kann nichts dagegen tun, es ist stärker als ich.« Und dadurch fordert er uns auf, ihm zu helfen.

»Darío, ich verstehe Sie.« Oft wirkt es schon beruhigend, wenn wir dem Patienten signalisieren, dass wir ihn verstehen, dass er ohne Scham darüber sprechen kann, was mit ihm los ist, dass wir ihn deshalb nicht für einen seltsamen Menschen halten. »Und wenn Sie wollen, dann verspreche ich Ihnen, dass ich versuchen werde, Ihnen zu helfen. Wir sehen uns dann gemeinsam an, was wir mit dieser Sache machen können, die Ihnen so unangenehm ist und gegen die Sie nicht ankommen.«

Er war einverstanden, und wir schlossen einen Analysevertrag ab. Er würde einmal pro Woche kommen und bei mir auf der Couch Platz nehmen.

Wir begannen also mit der Analyse. Anfangs versuchte ich, ihm vor allem zuzuhören und so wenig wie möglich einzugreifen, was gar nicht so einfach war, denn er fragte ständig, was er tun sollte und wie es jetzt weitergehen würde, oder er bat mich um Rat.

Wir arbeiteten viel an seiner Eifersucht und was diese mit seinem Selbstbewusstsein zu tun hatte.

Ich erkärte ihm, dass man Eifersucht im Rahmen einer Dreiecksbeziehung sehen müsse. Beziehungsweise, dass hier drei Elemente ins Spiel kämen: Man selbst, die geliebte Person und »der Andere«. Wovor ein eifersüchtiger Mensch Angst habe, sei, dass die von ihm geliebte Person jenem »Anderen« (der im Lauf der Zeit alle möglichen Personen sein kann) das geben könne, was einzig und allein ihm zustehe. Aber warum sollte die geliebte Person das tun? Hier kommt unbewusst der folgende Gedankengang zum Tragen: Die geliebte Person zieht den »Anderen« vor, weil sie ihn mehr liebt als ihren eifersüchtigen Partner. Und sie liebt ihn mehr, weil er einfach besser und attraktiver ist.

Wir machten uns klar, welche Rolle hierbei die eigene Unsicherheit und ein geringes Selbstbewusstsein spielen.

Die Frage der Jungfräulichkeit kann in diesem Zusammenhang ebenfalls von großer Bedeutung sein. Darío zumindest bereitete sie großes Kopfzerbrechen, denn Silvina hatte vor ihm schon mit zwei Männern eine feste Beziehung gehabt. Wie sich durch unsere Arbeit herausstellte, war das, was Darío Kummer bereitete, nicht so sehr die Frage von Silvinas verlorener Jungfräulichkeit an sich, sondern die Tatsache, dass jemand anderes von Silvina etwas bekommen hatte, was er, Darío, nie bekommen würde – man kann eben nicht zweimal die Jungfräulichkeit verlieren.

Die Sitzungen, in denen wir an dieser Frage arbeiteten, waren sehr hart für ihn.

In diesem Zusammenhang sagte er immer wieder: »Ich muss im Zentrum der Aufmerksamkeit stehen, das brauche ich unbedingt.« Ich merkte mir diese Äußerung und alles, was damit zusammenhing, um es gegebenenfalls für die Therapie nutzbar zu machen. Wobei ich gestehen muss, dass es in solchen Fällen oft genug gar nicht so weit kommt. Aber das ist ein Risiko, das man als Analytiker eingehen muss: Abwarten, im Vertrauen darauf, dass sich durch die Arbeit irgendwann die eine oder andere Tür auftut, die uns einen Zugang zur Wahrheit des Patienten ermöglicht.

Bei einer unserer Sitzungen unterhielten wir uns wieder einmal über Daríos Beziehung zu seiner Partnerin. Als wir dabei auf das Thema Liebe zu sprechen kamen, sagte er:

»Natürlich liebe ich sie. Sie stellen vielleicht Fragen!«

»So klar scheint mir das nicht. Die Liebe ist eine viel komplizertere Angelegenheit, als man normalerweise denkt.«

»Wie meinen Sie das?«

Als guter Lehrer, der er war, liebte Darío es, wenn man die Dinge ausführlich erklärte. Meistens verweigerte ich mich diesem Wunsch, aber diesmal schien es mir hilfreich, eine neue Sicht auf das Thema einzuführen, die ihm helfen sollte, über das, was mit ihm vorging, nachzudenken.

»Auch wenn es ein bisschen schematisch klingt, könnte man sagen, dass es im Lauf einer Liebesbeziehung drei Phasen gibt: Verliebtheit, Desillusionierung, Annehmen der Wirklichkeit. Anfangs ist die geliebte Person ein wundervoller Mensch ohne jeden Makel, es gibt einfach niemand Besseren, wir idealisieren ihn, machen ihn fast zu einem Gott. Und je größer die geliebte Person in unseren Augen wird, desto kleiner erscheinen wir uns selbst. Was so weit gehen kann, dass wir irgendwann gar nicht verstehen können, dass ein so perfektes Wesen uns überhaupt wahrnimmt.

In der zweiten Phase entdecken wir allmählich, dass der von uns geliebte Mensch doch nicht in absolut jeder Hinsicht perfekt ist. Wir sehen, dass er nicht unter allen Umständen den bestmöglichen Charakter an den Tag legt und dass er sich manchmal sogar täuscht, und diese Eigenschaften – die natürlich schon da waren, die wir aber, verliebt wie wir waren, nicht wahrnehmen konnten – bewirken nun Kummer und Enttäuschung, und so wie wir diesen Menschen zu Beginn sofort heiraten und unser ganzes restliches Leben mit ihm verbringen wollten, kann es in der zweiten Phase durchaus sein, dass wir plötzlich möchten, dass er wieder fortgeht, und zwar für immer.«

»Und was soll man dann tun?«

»Sich eingestehen, dass man sich in beiden Phasen leicht etwas vormacht, und dass es sich in beiden Fällen nicht um Liebe handelt.«

»Aber was ist dann die Liebe?«

»Die Liebe ist die dritte Phase, in der wir den anderen so sehen, wie er ist. In der wir ihn also weder vergöttern, noch verteufeln. Dann freuen wir uns über seine guten Seiten und akzeptieren seine Schwächen. Und wenn wir ihn trotz dieser Schwächen insgesamt akzeptieren können, können wir auch an seiner Seite glücklich sein. Erst dann kann man von einer reifen Liebe sprechen, die sich auf gesunde Weise weiterentwickeln kann. Wie mein eigener Analytiker einmal zu mir gesagt hat, besteht der Schlüssel zur Liebe tatsächlich genau darin, dass man die Schwächen des anderen anerkennt und sich daraufhin ehrlich fragt, ob man diese Schwächen ertragen kann, ohne sich die ganze Zeit innerlich oder äußerlich dagegen aufzulehnen, und ob man dabei tatsächlich glücklich sein kann.«

Schweigen.

»Ich weiß nicht, ob mir das, was Sie da sagen, gefällt.«

»Warum?«

»Weil ich Silvina immer noch völlig unvergleichlich und wunderbar finde. Ich habe das Gefühl, sie macht alles gut, und ich mache alles schlecht, und so gesehen befindet sich meine Liebe zu ihr wohl eindeutig noch immer in der ersten Phase.«

»Und?«

»Das bedeutet natürlich, dass meine Liebe zu ihr keine reife Liebe ist.«

»Ja, vielleicht ist das so. Ich glaube, in Ihrem Fall sieht es tatsächlich so aus, als wären Sie noch ganz in der Phase der Verliebtheit gefangen. Silvina wird von Ihnen vergöttert, nur sie ist für Sie ein wertvoller Mensch, Sie selbst dagegen überhaupt nicht. Sie ist nur mit Ihnen zusammen, weil sie so großmütig ist, aber nicht, weil Sie es verdienen würden. Offensichtlich sind Sie im Grunde genommen der Ansicht, dass sie Ihnen einen Gefallen tut, indem sie an Ihrer Seite ausharrt. Aber in Wirklichkeit ist das bestimmt nicht so – irgendwas müssen Sie schließlich haben, wenn ein so besonderer Mensch wie Silvina Sie zu ihrem Partner wählt. Meinen Sie nicht?«

»Na ja, vielleicht ist sie gar nicht mit mir zusammen, weil an mir so etwas Besonderes ist, sondern bloß wegen dem, was ich für sie tue.«

»Können Sie das ein bisschen genauer erklären?«

»Ich mache eben eine Menge Sachen, damit sie mich liebt.«

»Aha, dann erzählen Sie doch mal. Was machen Sie denn alles?«

»Ich hole sie jeden Tag ab, um sie zur Schule zu fahren, auch dann, wenn ich selbst gar nicht arbeiten muss, oder erst später. Ich mache ihr andauernd Geschenke, ich koche ihre Lieblingsspeisen, ich erledige ihren ganzen Papierkram, ich überweise die Rechnungen für sie – wollen Sie noch mehr hören?«

»Wie Sie wollen. Vorher möchte ich Ihnen aber noch eine Frage stellen: Macht Ihnen das Spaß?«

»Nein, natürlich nicht... Mit mir selbst hat das nichts zu tun, ich mache das, damit sie mich liebt.«

»Das heißt, Sie sind ein Schauspieler, Sie täuschen etwas vor.«

»Was?«

»Na klar. Sehen Sie, wie soll ich es sagen...« Ich dachte einen Augenblick nach. »Also, ich glaube, so wird es deutlich: Sie verkleiden sich, Sie setzen sich alle möglichen Masken auf, um Silvina zu gefallen.«

»Das verstehe ich nicht.«

»Es ist ganz einfach: Sie verkleiden sich als Chauffeur und kommen jeden Tag angefahren, um sie abzuholen, Sie verkleiden sich als der Weihnachtsmann und erscheinen jeden Tag mit einem Geschenk unter dem Arm, Sie verkleiden sich als Koch – oder als Küchenchef, wenn das für Sie eleganter klingt –, um sie zu verwöhnen, Sie verkleiden sich als ihr kostenloser Buchhalter und zahlen auch noch ihre Rechnungen. Aber wie Sie selbst sagen: Keine dieser Figuren hat eigentlich etwas mit Ihnen zu tun. Da frage ich mich doch: Wie soll Silvina Sie lieben, wenn sie Sie gar nicht kennt, wenn Sie sich ständig hinter irgendwelchen Masken verstecken, die ihr, Ihrer Meinung nach, gefallen?« In diesem Moment erinnerte ich mich an etwas, was mir schon früher aufgefallen war: Die Bedeutung, die das Sehen für Darío hatte. »Ich frage mich jedenfalls«, fuhr ich fort, »warum Sie so viele Verkleidungen verwenden. Damit sie etwas sieht, was ihr gefällt, wie Sie sagen, oder – und das glaube ich zumindest – weil Sie etwas vor ihren Blicken verbergen müssen?«

In der nächsten Sitzung erzählte Darío von einem Traum, den er gehabt hatte:

»Ich war auf einer Hochzeitsfeier. Wer das Brautpaar war,

weiß ich nicht so genau, aber es war ein riesiges Fest. Ungefähr zweihundert Gäste waren gekommen. Ich ging mit Silvina an der Hand durch den Festsaal, bis ich plötzlich merkte, dass alle uns ansahen. ›Was ist denn los?‹, fragte ich mich. Ich sah Silvina an und stellte fest, dass sie ihr Ballett-Trikot anhatte. ›Was machst du?‹, fragte ich sie, ›alle Frauen tragen Ballkleider, und du kommst so?‹ Aber sie kümmerte sich nicht um mich, sie sah mich nicht einmal an. Sie ließ meine Hand los und ging in die Mitte des Saals, wo sie mit aufreizenden Bewegungen zu tanzen begann. Alle Blicke richteten sich auf sie. Die Leute kamen immer näher und stellten sich um sie herum.« An dieser Stelle machte Darío einen Witz: »Es war wie in dem Text von diesem berühmten Tango: ›Es bildete sich ein Kreis, denn alle wollten sie tanzen sehen.‹ Silvina war dabei die Mireya.«

Das war ein entscheidender Augenblick. Darío eröffnete mir einen Zugang zu seinem Unbewussten, genauer gesagt: gleich zwei Zugänge – durch einen Traum und dazu noch durch einen Witz. Er forderte mich auf, herauszuhören, zu erlauschen, was in seiner Geschichte steckte. Aber was war da so wichtig, dass ich es »sehen« sollte, bevor es sich wieder davonmachte?

So wie der Patient bei der Psychoanalyse alles sagen soll, was ihm gerade durch den Kopf geht – in freier Assoziation, ohne zu überlegen, ob er es für bedeutsam hält oder nicht –, soll auch der Analytiker seine Aufmerksamkeit zeitweilig durchaus »schweifen lassen« und plötzliche Eingebungen, die ihm während des Zuhörens kommen, zulassen und ernstnehmen. Und das tat ich jetzt. Ich griff den ersten

Gedanken auf, der mir durch den Kopf ging, und unterbrach Darío:

»Sie haben gesagt: ›Alle Blicke richteten sich auf sie.‹ Wäre es Ihnen lieber, sie würden sich auf Sie selbst richten?«

Aber was sagte ich da? Ich hatte das Gefühl, eine Frage ohne allzu viel Sinn gestellt zu haben und Darío äußerst ungeschickt ins Wort gefallen zu sein. Zu meiner Überraschung sagte Darío jedoch eine Zeitlang gar nichts und erwiderte schließlich, unter großer Anstrengung, etwas ziemlich Ungewöhnliches, etwas, was ich nie erwartet hätte.

»Gabriel, was ich Ihnen jetzt erzähle, ist mir wirklich sehr unangenehm und peinlich. Es ist nämlich so, dass ich manchmal, ganz selten ...« Er atmete tief durch, zögerte. »Manchmal zwinge ich Leute, mich anzusehen.«

Schweigen.

»Könnten Sie sich ein bisschen genauer ausdrücken, Darío?«

»Puh, das ist echt schwer.« Er sträubte sich. »Sie wissen, ich wohne in einer Siedlung im Norden von Buenos Aires. Und manchmal fahre ich abends nicht direkt nach Hause, sondern zuerst noch in irgendein einfaches Viertel am Stadtrand. Um die Uhrzeit ist da kaum jemand unterwegs. Und dann fahre ich dort ein bisschen durch die Straßen.«

»Auf der Suche nach etwas Bestimmtem?«

»...«

»Nach jemand Bestimmtem?«

»Ja.«

»Nach wem?«

»Nach einer Frau.«

»Was für eine Frau?«

»Egal, irgendeine.«

»Und was machen Sie dann?«

»Wenn ich Ihnen das erzähle, werden Sie nicht mehr mit mir arbeiten wollen, Gabriel.«

»Das könnte sein, wenn es sich um eine Straftat handelt. Aber vergessen Sie nicht, dass ich nicht hier bin, um über Sie zu urteilen, sondern um Ihnen zu helfen. Und damit ich Ihnen helfen kann, müssen Sie mir vetrauen.«

»Na gut, irgendwann muss es ja mal raus.«

»Ich höre Ihnen zu.«

»Ich halte in einer dunklen Straße und fange an zu masturbieren. Kurz bevor ich komme, fahre ich langsam weiter, den Penis lasse ich dabei aber draußen. Und wenn ich dann irgendwo die meiner Meinung nach passende Frau entdecke, halte ich neben ihr, lasse das Fenster runter und spreche sie an. Manchmal stelle ich eine Frage, damit sie zum Auto kommt. Also, ich erkundige mich nach einer Straße oder so, und wenn sie mich sieht, mit meinem steifen Penis, ja, dann sage ich ein paar Sachen zu ihr.«

»Und dann?«

»Dann fahre ich davon.«

Ein ziemlich unbehagliches Schweigen trat ein. Ich spürte, wie bedrückt er war und wie unwohl er sich fühlte. Mir ging es, ehrlich gesagt, nicht anders. Er hatte sicherlich Angst, dass ich nicht mehr mit ihm weiterarbeiten würde, und ich wusste in diesem Moment selbst nicht, ob ich mir weiter anhören wollte, was er zu erzählen hatte.

Für einen Augenblick konnte ich mich nicht dagegen

wehren und sah vor mir, wie Darío nachts in seinem BMW herumfuhr, die eine Hand an seinem steifen Penis, während er den Blick auf der Suche nach einem Opfer über die Straße gleiten ließ. Sein teures Auto, mit abgeblendetem Licht, in dessen Innerem die vornehme Musik von Chopin erklang, seinem Lieblingskomponisten. Unweigerlich ergriff mich Ekel bei dieser Vorstellung. Ich durfte jedoch nicht zulassen, dass ich während einer therapeutischen Sitzung durch meine Gefühle beeinflusst wurde. So ist das bei der Psychoanalyse: Immer wieder muss nicht nur der Patient, sondern auch der Analytiker seine inneren Widerstände überwinden.

»Darío, ich glaube nicht, dass es Ihnen egal ist, mit was für einer Frau Sie es zu tun bekommen, Sie haben nämlich gesagt, dass Sie so lange herumfahren, bis Sie die, Ihrer Meinung nach, ›passende Frau‹ entdecken. Inwiefern ›passend‹?«

»Um das tun zu können, was ich gerade erzählt habe.«

»Und wie muss diese Frau sein?«

»Also, vielleicht bin ich ja verrückt, aber pervers bin ich deswegen noch lange nicht. Kleine Mädchen und Teenager rühre ich jedenfalls nicht an. Normalerweise müssen es Frauen sein, denen ich durch mein Verhalten nicht allzu viel anhaben kann. Reifere Frauen.«

»Erwachsene Frauen, die schon älter sind, meinen Sie?«

»Ja.« Darío sah auf die Uhr und versuchte, sich davonzumachen: »Für heute ist die Zeit um.«

»Seit wann haben wir ausgemacht, dass eine Sitzung nur so und so lang dauern darf? Machen wir weiter.« Er wollte sich entziehen. Ein paar Dinge mussten wir aber noch klären. »Haben diese Frauen irgendeine besondere Eigenschaft?«

»Ich verstehe nicht.«

»Ich meine, müssen sie blond sein oder dunkelhaarig, müssen sie gut aussehen oder ...«

»Nein, im Gegenteil, meistens sind es eher hässliche Frauen. Sie haben weder einen schönen Körper noch ein schönes Gesicht, und sie sind auch nicht besonders gut angezogen, oft kommen sie gerade von der Arbeit und sehen müde aus. Manchmal sind sie sogar richtig schlecht gekleidet. Das hat aber nichts zu sagen, oder?«

Doch, es hatte etwas zu sagen. Aber was? Ich wusste es damals noch nicht.

»Und wie enden diese Vorfälle normalerweise?«

»Die Frauen beschimpfen mich oder sie treten gegen das Auto. Ich fahre so schnell weg, wie ich kann. Nach Hause. Dort gehe ich ins Bad, masturbiere, wasche mir die Hände, und dann setze ich mich mit meinen Eltern an den Tisch, um zu essen, ich wohne nämlich immer noch bei ihnen.«

»Und denken Sie dabei irgendetwas Besonderes?«

»Ja, dass weder mein Vater noch meine Mutter wissen, was ich mache. Und in meinem Inneren ist es, als würde ich sie anschreien: ›Verdammte Scheiße, merkt ihr nichts, kennt ihr mich so schlecht? Seht doch mal, was euer Söhnchen anrichtet!‹«

›Seht doch mal‹, ›Söhnchen‹ – man konnte meinen, Darío hatte das starke Bedürfnis, von seinen Eltern gesehen zu werden. Aber warum?

»Darío, ich glaube, das, was Sie mir gerade erzählt haben, hat viel mit Ihrer Eifersucht auf Silvina zu tun.«

»Wieso? Was soll sie damit zu tun haben?«

»Nicht sie, sondern Ihre Haltung ihr gegenüber.«

»Das verstehe ich nicht.«

»Damit meine ich, dass Sie sich fragen sollten, ob Sie die Schuldgefühle wegen Ihrer exhibitionistischen Aktivitäten nicht auf Silvina projizieren.«

»Meinen Sie, dass ich erst anderen meinen Penis zeige, aber später auf sie böse bin?«

»Ja, dem geht allerdings noch ein Mechanismus voraus.«

»Und zwar?«

»Dass Sie Ihre Wünsche auf sie projizieren.«

»Und wie soll das gehen?«

»Ganz einfach. Sie sagen doch, sie zieht enganliegende Strumpfhosen an und superkurze Miniröcke, die alles zeigen, und T-Shirts, die ihre Brüste betonen. Anders gesagt, Sie werfen ihr vor, dass sie möchte, dass die anderen sie ›die ganze Zeit ansehen‹. Ich frage mich aber, ob Sie nicht derjenige sind, der möchte, dass sich alle Blicke auf ihn richten. Lassen Sie uns darüber nachdenken. Denn dass Sie sich über Silvina ärgern, ist vielleicht nur eine krankhafte Art, Ihr Bedürfnis, angesehen zu werden, nach außen zu wenden. Und wenn dem so sein sollte, wäre es vielleicht nicht schlecht, die Energie, die Sie dafür aufbringen, auf sich selbst zu richten statt auf Silvina. Vielleicht können wir in dieser Richtung etwas herausfinden, was uns weiterhilft.«

Schweigen.

»Werden Sie mich weiter behandeln?«

»Darío, denken Sie über das nach, was wir heute besprochen haben. Wir sehen uns nächste Woche.«

In der nächsten Sitzung erzählte er erneut von einem Traum.
»Ich stieg in einem großen Haus die Treppe hinauf. Ich wusste, dass ich eigentlich nicht dort sein durfte, und ich wäre auch am liebsten nicht dort gewesen, aber, wie auch immer, ich war jedenfalls da. Im ersten Stock blieb ich vor einer Zimmertür stehen. Ich hörte ein Kind weinen, es musste so um die fünf oder sechs Jahre alt sein. Ich wollte in das Zimmer gehen und dem Kind helfen, aber lähmende Angst hielt mich zurück. Was dann passierte, weiß ich nicht, doch auf einmal stand ich vor der Tür zu einem anderen Zimmer. Darin stritt ein Paar. Ich konnte sie nicht sehen, aber ich hörte, wie der Mann die Frau misshandelte, beschimpfte, schlug. Auch jetzt wollte ich eingreifen, doch wieder konnte ich nicht. Ich war wieder wie gelähmt. Plötzlich schrie die Frau, und ich bin aufgewacht.«

Viele Leute glauben, Psychoanalytiker seien imstande, die Träume anderer Menschen zu entschlüsseln. So ist das aber nicht. Auch wenn ihnen das nicht klar ist, sind die Patienten selbst diejenigen, die wissen, was ihre Träume aussagen wollen. Wir Analytiker helfen ihnen bloß dabei, das, was die Träume ihnen in einer unbekannten Sprache mitteilen, zu übersetzen. Ein bisschen wie die ersten Entzifferer der Hieroglyphen – allerdings ist viel gemeinsame Arbeit erforderlich, um die verborgene Bedeutung eines Traums zu entschlüsseln. Diese Arbeit begann ich nun – wie auch sonst –, indem ich Darío bat, über seinen Traum zu sprechen. Möglicherweise würde ich dabei ja Dinge hören, die er zwar unbewusst wusste, aber nicht bewusst aussprechen konnte.

»Ich höre Ihnen zu, Darío. Also, erzählen Sie mal, was Ihnen zu diesem Traum einfällt.«

»Ich weiß, dass ich sehr wütend war und dass ich mich gleichzeitig sehr hilflos gefühlt habe.«

»Warum?«

»Weil ich nichts tun konnte. Weil ich mich damit abfinden musste, alles zu hören, ohne eingreifen zu können.«

»Und wie hätten Sie, Ihrer Meinung nach, eingreifen sollen?«

»Zuallererst, indem ich dem Jungen geholfen hätte. Er hört alles, er ist erschrocken, man hat ihn ... im Stich gelassen?«

»Wer hat ihn im Stich gelassen?«

»Ich weiß nicht.«

»Seine Eltern?«

»Ich weiß nicht.« Auf einmal sprach er lauter. »Entschuldigen Sie. Jetzt habe ich plötzlich selbst Angst bekommen.«

»Wie der Junge?«

»Ja.«

»Das Paar in dem Zimmer, sind das Ihre Eltern?«

»Ja.«

Er widersetzte sich hartnäckig. Die ganze Zeit musste ich nachfragen. Wenn er so viel Energie darauf verwendete, sich zu wehren, musste das jedoch daran liegen, dass dieser Traum etwas für ihn sehr Wichtiges enthielt. Ich setzte meine Belagerung also fort.

»Und, was glauben Sie, warum haben sie den Jungen im Stich gelassen?«

»Ich weiß nicht.«

»Sagen Sie mir das Erste, was Ihnen durch den Kopf geht.«

»Weil sie etwas zu tun hatten.«

»Was?«

»Ich weiß nicht.«

»Kommen Sie schon. Was glauben Sie, hatten sie zu tun?«

»Sie mussten vögeln!«, schrie er und fing an zu weinen.

Er schluchzte verzweifelt, und ich ließ es zu. An diesem Punkt angekommen schwieg ich und gestand ihm zu, dass er sich ganz seinen Gedanken und seinem Schmerz überlassen konnte. Erst nach mehreren Minuten sagte ich wieder etwas:

»Darío, ich weiß, es ist nicht einfach zu verstehen, wie Träume funktionieren. Ich werde versuchen, mich so klar wie möglich auszudrücken. Die Seele braucht verschiedene Elemente, um einen Traum herzustellen. Eins davon sind die Überreste des Tages, also all das, was wir am Tag erlebt oder worüber wir nachgedacht haben. Ein anderes Element, das wichtigste, grundlegende, sozusagen der Antriebsmotor, sind unsere unbewussten Wünsche, die versuchen, im Traum Befriedigung zu erlangen, was ihnen in der Wirklichkeit nicht gelingt. Verstehen Sie?«

»Ja. Diese Wünsche werden durch etwas unterdrückt.«

»Genau.«

»Warum?«

»Weil sie so stark sind und normalerweise auch so verboten, dass wir nicht einmal den Gedanken daran zulassen können.«

»Der im Traum jedoch auftaucht.«

»Ja, aber verkleidet. Deshalb sagt man, wenn man einen

Traum nacherzählt, auch solche Dinge wie ›Ich war wie mein Vater angezogen, aber ich war nicht mein Vater.‹«

»Und warum verkleidet?«

»Um dem Druck auszuweichen. Dem Druck, der im Wachzustand verhindert, dass wir diese Wünsche überhaupt formulieren.«

»Ich verstehe.«

»Dazu kommt, dass man im Traum erneut Situationen durchlebt, für die wir im Wachzustand keine Lösung gefunden haben, Traumata, die deshalb auf diesem Weg nach einer Lösung suchen.«

»Sprechen Sie bitte weiter.«

»Manchmal gelingt es der Seele im Traum aber nicht, einen Wunsch oder eine traumatische Erfahrung ausreichend zu verkleiden.«

»Und was passiert dann?«

»Dann erwacht man normalerweise voller Angst. Das ist genau das, was auch die Psychologen als ›Angstträume‹ bezeichnen.«

»Mein Traum war also ein ›Angsttraum‹.«

»Ja.«

»Sie meinen also, dass das, was ich im Traum erlebt habe, einem unbewussten Wunsch oder einem Erlebnis von mir geschuldet ist.«

»Oder einer Sache, die Sie erlebt zu haben glauben. Ja, so meine ich das.«

»Und?«

»Versuchen wir es zusammen: Wer ist dieser Junge?«

»Das bin ich, oder?«

»Ich glaube, ja.«

»Und wer ist dann die Hauptfigur, also der, der in diesem Haus unterwegs ist?«

»Auch Sie. Im Traum ist so etwas möglich, man kann fliegen, in der Zeit reisen, in Sekundenschnelle riesige Entfernungen zurücklegen, oder eben sich verdoppeln, so wie Sie in diesem Traum.«

»Weil ich beide Figuren bin?«

»Ja, und deshalb halte ich es auch für wichtig, festzuhalten, welche Gefühle die beiden empfinden. Wir wissen, dass Sie ›eigentlich nicht hier sein dürften‹. Also, dann sagen Sie doch mal: Wo hätten Sie stattdessen sein sollen?«

»Irgendwo anders.«

»Egal wo, bloß nicht hier und nicht jetzt.«

»Ja.«

»Warum?«

»Ich weiß nicht.«

»Vielleicht, weil der Junge ›alles hört‹. Was hört er denn, Darío?«

»Was in dem Zimmer nebenan passiert.«

»Und was passiert dort?«

»Ich weiß nicht.«

»Darío, ich spreche jetzt nicht von Ihrem Traum, sondern von Ihrer Vergangenheit. Was ist in dem Zimmer nebenan passiert und was hätten Sie nicht hören dürfen?«

»Gabriel, in dem Traum wird die Frau geschlagen. Mein Vater hat meine Mutter nie geschlagen.«

»Sie wird geschlagen? Das, was in dem Zimmer vor sich geht, kann der Seele eines Jungen wie Gewalt vorkommen.

Aber sehen wir uns das doch mal mit den Augen des Erwachsenen an, der Sie heute sind, Darío. Sie haben gesagt, dass von draußen Geräusche zu hören sind, ein Mann, der die Frau beschimpft. Was sagt er denn? ›Nutte, geile Sau‹? Offenbar übt er Macht über die Frau aus. Wie genau tut er das? ›Komm her! Hier, nimm! Leg dich so hin! Los jetzt!‹ Und die Frau jammert. Stöhnt sie vielleicht? Kann es sein, dass sie irgendwann schreit, hat sie womöglich einen Orgasmus? Und da bekommen Sie Angst und wachen auf. Sind Sie sicher, dass die Frau geschlagen wird, oder hat sie nicht einfach Sex mit jemandem?« Schweigen. »Lassen wir das erst einmal so stehen.«

Darío stand auf, ich begleitete ihn aus dem Zimmer hinaus und bis zum Aufzug, fuhr noch mit ihm nach unten, wo er die Eingangshalle durchquerte und das Gebäude verließ. Während der ganzen Zeit sagt er kein Wort.

In keiner der beiden folgenden Sitzungen kam Darío erneut auf dieses Thema zu sprechen. Dann ließ er eine Sitzung ausfallen. Doch als er eine Woche später wieder bei mir erschien, erzählte er:

»Neulich lag ich im Bett, und da fiel mir wieder ein, worüber wir vor einem Monat gesprochen haben, Sie wissen doch noch, oder? Da ging es um einen Traum von mir...«

»Ja, ich weiß. Erzählen Sie mal.«

»Ich habe mich an etwas erinnert.«

»Und woran haben Sie sich erinnert?«

»An eine Nacht, als ich sechs oder sieben Jahre alt war. Ich sah vor mir, wie ich auf dem Bauch lag, mit einem Kissen über dem Kopf, um nicht zu hören, was in dem Zimmer nebenan passierte. Da fiel mir ein, dass das nicht nur einmal so war... Nein, das ist oft passiert. Sie hatten recht: Ich war der Junge, den man in seinem Zimmer allein ließ und den man zwang, zu hören, was er nicht hätte hören sollen. Und in meinen Ohren erklang wieder das Stöhnen meiner Mutter. Schrecklich.«

»Was ist schrecklich?«

»Eine Mutter zu haben, die so gerne vögelt.«

»Das ist nicht schrecklich, Darío. Im Gegenteil. Ich würde sagen, eine Frau, die ihr Sexualleben genießt, ist bestimmt zufriedener und gesünder und besser in der Lage ihre Rolle auszufüllen, auch die einer Mutter. Nur sollten die Kinder das vielleicht nicht unbedingt mitbekommen. Und auf jeden Fall sollten sie nicht am Sexualleben ihrer Eltern beteiligt sein. Das wäre wirklich schrecklich. Denn wenn etwas zwischen Eltern und Kindern ausgeschlossen ist, dann die Möglichkeit, dass sie ein gemeinsames Sexualleben führen. Das ist Inzest. Daher die Angst in Ihrem Traum. Obwohl Sie das Ganze damals bestimmt auch erregt hat, was wiederum schwere Schuldgefühle in Ihnen hervorgerufen haben muss.«

Kurzes Schweigen.

»Und dabei hatte ich Ihnen erzählt, unser Familienleben sei vorbildlich gewesen, die Ausnahme, die die Regel bestätigt.«

»Sie haben nie behauptet, Ihr Familienleben sei vorbildlich gewesen, Darío. Sie haben gesagt, Ihre Eltern seien ein vorbildliches Paar. Und das kann ja auch sein. Aber vielleicht – und das sage ich auf die Gefahr hin, mich zu täuschen –, vielleicht waren sie immer so sehr mit sich selbst als

Paar beschäftigt, dass sie darüber vergessen haben, dass sie auch Eltern waren. Deshalb der ›im Stich gelassene‹ Junge aus Ihrem Traum. Im Stich gelassen, weil er allein in seinem Zimmer gelassen wurde, und auch, weil seine Mutter es nicht verstand, sich vor ihm nicht als begehrenswert zu präsentieren. Wissen Sie noch, dass Sie einmal gesagt haben, Sie würden so gerne irgendwann eine Partnerin wie die Ihres Vaters finden? Ich glaube, das mit Ihrem Exhibitionismus hat auch damit zu tun.«

»Wie das denn?«, fragte Darío erstaunt.

»In zweierlei Hinsicht. Zum einen glaube ich, dass Sie dabei jedes Mal aktiv etwas machen, was Sie passiv erleiden mussten. Allerdings mit einer kleinen Veränderung...«

»Und zwar?«

»Als Kind waren Sie gezwungen zuzuhören. Jetzt zwingen Sie diese Frauen hinzuschauen. Aber abgesehen davon machen Sie mit ihnen genau das, was man damals mit Ihnen gemacht hat.«

»Das verstehe ich nicht ganz.«

»Das ist ein Mechanismus, der schon in der Kindheit einsetzen kann. Er dient dazu, die eigene Angst und den eigenen Schmerz nach außen zu projizieren. Stellen Sie sich zum Beispiel ein Mädchen vor, das gerade beim Arzt eine Spritze bekommen hat. Wahrscheinlich wird sie anschließend zu Hause in ihrem Zimmer spielen, sie sei Ärztin, und ihrer Puppe eine Spritze verpassen.«

»Ich verstehe. Und in der anderen Hinsicht?«

»Die bezieht sich auf den Versuch, den Traum wirklich werden zu lassen, die Partnerin Ihres Vaters zu besitzen, also...«

»Mit meiner Mutter zu schlafen... Schrecklich, ich bin wirklich verrückt.«

Das ist ein sehr schwieriger Augenblick. Die Analyse seiner Träume hat eine ungelöste ödipale Problematik freigelegt, der er sich nun auf einmal stellen soll. Bevor seine Angst und sein Schmerz unbeherrschbar für ihn werden, muss ich ihm zur Seite springen.

»Keine Sorge, Darío. Hierüber werden wir jetzt in aller Ruhe sprechen.«

»Was soll ich sagen? Ich bin ganz einfach krank.«

»Warten Sie. Vom Ödipuskomplex haben Sie bestimmt schon gehört, nehme ich an.«

»Ja, natürlich. Aber das...«

»Immer mit der Ruhe. Sehen Sie, jeder Mensch wird in sehr enger Beziehung zu seiner Mutter geboren. Unser Leben hängt in den ersten Monaten von ihr ab, sie ernährt uns, gibt uns Zärtlichkeit und Liebe, bemüht sich, unser Weinen zu verstehen, um herauszufinden, ob wir hungrig sind oder müde oder ob wir frieren. Wir sind also aufs Innigste mit ihr verbunden.« Ich sagte bewusst »wir«, damit klar wurde, dass ich von etwas sprach, das jeden Menschen betrifft. Er sollte sich auf keinen Fall wie ein abartiges Wesen vorkommen. »Unter diesen Umständen wird die Mutter unweigerlich zu unserem meistgeliebten Gegenüber. Wenn jemand uns beim Insbettbringen oder Baden berührt und streichelt, dann ist das normalerweise zuallererst sie. Beim Stillen hält sie uns im Arm. Kein Wunder also, dass sie an der Ausbildung unserer Sinne und damit auch unserer erotischen Gefühle wesentlichen Anteil hat. Verstchen Sie?«

»Ja.«

»Je älter wir werden, desto weniger sind wir von ihr abhängig, und die erotische Beziehung wird sublimiert.«

»Sublimiert?«

»Ja. Das soll heißen, sie verliert die sexuelle Prägung und verwandelt sich in etwas Anderes, zum Beispiel in Zärtlichkeit.«

»Und wann passiert das?«

»Ungefähr im siebten Lebensjahr. Dafür müssen aber zwei Bedingungen erfüllt werden. Zum einen muss der Vater in Erscheinung treten, um den Sohn von der Mutter zu ›trennen‹. Zum anderen darf die Mutter sich nicht mehr von ihrer geschlechtlichen Seite präsentieren und muss sich stattdessen in ein liebevoll-zärtliches Wesen verwandeln.«

»In meinem Fall jedoch...«

»In Ihrem Fall haben Sie sich mit sechs ganz allein gegen die geschlechtliche Seite Ihrer Mutter gewehrt, indem Sie den Kopf unter einem Kissen versteckt haben. Wir alle machen so etwas durch, Darío, nur war es Ihnen nicht erlaubt, die notwendigen Mechanismen zu entwickeln, mit deren Hilfe wir dieses Begehren sublimieren können, und in solch einem Fall können alle möglichen Symptome auftreten. Ihnen blieb zuletzt nichts anderes übrig, als Ihr Begehren auf andere Frauen zu richten. Und überlegen Sie doch mal, wie Sie die ›passenden‹ Frauen beschrieben haben: ›Reifere Frauen‹, haben Sie gesagt. Frauen, die Ihre Mutter sein könnten...«

»Ja, aber es sind hässliche Frauen. Meine Mutter ist schön. Außerdem waren diese Frauen ungepflegt, müde von der Arbeit, nicht wie meine Mama.«

»Waren« – zum ersten Mal sprach er in der Vergangenheit von ihnen.

»Genau. Diese Frauen sind nicht wie Ihre Mutter, sondern so, wie Sie Ihre Mutter gerne gehabt hätten: Als reifere Frau ohne erotische Ausstrahlung. Sie sind müde, sie kommen von der Arbeit, und sie haben bestimmt nicht gerade erst gevögelt. Außerdem mussten sie Ihrer Mutter so wenig ähnlich sein wie möglich, damit Sie den geheimen Zusammenhang nicht entdecken konnten. Davon abgesehen würde ich sagen, dass all das auch grundlegende Bedeutung für die Entwicklung Ihrer extremen Eifersucht gehabt hat.«

»Wieso?«

»Ich glaube, damit haben Sie bei Ihren bisherigen Partnerinnen etwas eingefordert, was eigentlich Ihrer Mutter galt: ›Warum gibst du jemand anderem, was *ich* von dir bekommen möchte?‹ Und diese Wirklichkeit, die gesunde Wirklichkeit, dass Ihre Mutter jemand anderen zu ihrem Sexualpartner gewählt hat, verwandelte sich in die Schreckensvorstellung, Ihre Frauen, zuletzt Silvina, könnten das Gleiche machen. Denn wenn Ihre Mutter, die wichtigste Frau in Ihrem Leben, zu so etwas imstande war, warum sollten das dann nicht auch andere können?«

Wir beide schwiegen eine Zeitlang.

»Aber bei Ödipus spielt auch der Vater eine wichtige Rolle, oder?«

»Ja, eine sehr wichtige Rolle.«

»Und welche Rolle fiel meinem Vater bei dem Ganzen zu?«

»Ich weiß es nicht. Über ihn haben wir noch fast überhaupt nicht gesprochen. Ihr unbewusster Konflikt mit Ihrer

Mutter hat erst einmal unsere ganze Aufmerksamkeit auf sich gezogen. Aber es könnte durchaus interessant und ergiebig sein, jetzt auch einmal über ihn zu sprechen, finden Sie nicht?«

»Ich glaube, ja.«

Ein Jahr später – wir hatten die ganze Zeit an diesen Themen gearbeitet –, beschloss Darío, zu Hause auszuziehen. Er hatte etwas Geld gespart und kaufte sich davon eine kleine Wohnung im Zentrum.

Das Verhältnis zu seinen Eltern ist gut, sie haben weniger Konflikte als früher.

Die Beziehung mit Silvina hat er beendet, und er ist seit mehreren Monaten allein. Er möchte auch keine feste Beziehung mehr eingehen, bevor er die Sache mit der Eifersucht in den Griff bekommen hat. Es ist zwar viel besser geworden, doch sie spielt bei unseren Sitzungen immer noch eine große Rolle.

Manchmal fühlt er sich sehr allein und muss hart gegen den Wunsch ankämpfen, wieder in das Haus seiner Eltern zu ziehen, um in dem Zimmer Unterschlupf zu suchen, in dem er als Kind den Kopf unter dem Kissen versteckt hatte, um nicht mit anhören zu müssen, wenn seine Eltern Geschlechtsverkehr hatten.

Doch seit unserer Unterhaltung ist Darío nie wieder als Exhibitionist unterwegs gewesen.

Mit dem Körper bezahlen
Natalias Geschichte

»Weithin gelagertes Weiß. Drüberhin, endlos,
die Schlittenspur des Verlornen.«
                                        Paul Celan

»Ich? Bist du verrückt geworden? Das ist kein Fall für mich.«

So war meine erste Reaktion, als Marcela Díaz, die für die Koordination meines Therapeutenteams zuständig ist, mit den Unterlagen von Natalia zu mir kam.

»Aber warte doch mal«, sagte Marcela. »Warum möchtest du diesen Fall nicht übernehmen?«

»Weil das kein Fall für mich ist.«

»Warum machst du sofort dicht? Erklär mir doch lieber, warum du meinst, dass das nichts für dich ist.« Wie immer war ihr Tonfall verständnisvoll und überzeugend zugleich. Ich lächlte sie leicht entnervt an.

»Sag du mir erst einmal, seit wann ich auf Kurzzeittherapien spezialisiert sein soll?«

»Ja, ich weiß, aber hör mal zu...«

»Nein, hör du mir zu. Die Frau ist schwanger, oder?«

»Ja.«

»Und ihr Mann wohnt im Norden von Argentinien.«

»Ja, in Salta.«

»Und sie wird nach der Geburt des Kindes dorthin ziehen.«

»Ja, aber...«

»Im wievielten Monat ist sie?«

»Sie ist erst seit sechs Wochen schwanger, aber sie...«

»Dann lass uns das kurz überschlagen: Wenn man die beiden Wochen vor der Geburt abzieht, in denen sie höchstwahrscheinlich nicht wird kommen können, bleiben sieben Monate, in denen wir wirklich arbeiten können, also achtundzwanzig Sitzungen. Ziehen wir davon noch zehn Prozent ab – ein paar Sitzungen fallen ja aus dem einen oder anderen Grund immer aus –, weißt du, wie viele Sitzungen dann noch übrig bleiben? Na sag schon, wie viele?«

»Fünfundzwanzig.«

»Richtig, Marcela. Fünfundzwanzig. Und in diesem Zeitrahmen könnte man nur mit einer sehr konzentrierten Kurzzeittherapie etwas erreichen. In unserem Team haben wir ausgezeichnete Spezialisten für so etwas, aber ich gehöre nicht zu ihnen. Ich bin Psychoanalytiker, erinnerst du dich? Ich arbeite mit einer Couch, freier Gedankenassoziation, solche Sachen...«

»Gabriel, jetzt sei nicht albern.«

»Gut, aber ich verstehe dich wirklich nicht.«

»Sieh es doch mal so: Natalia kennt dich aus dem Radio. Sie vertraut dir. Dein Stil gefällt ihr.«

»Aber sie weiß doch gar nicht, wie ich hier in der Praxis bin.«

»Das macht nichts, sie vertraut dir nun mal.«

»Na gut, aber in sieben Monaten zieht sie weg.«

»Eben deshalb. Sie hat keine Zeit mehr, zu einem anderen Therapeuten eine Beziehung aufzubauen. Zu dir hat sie schon eine ...«

»...«

»Sie hat schon Erfahrung mit Psychoanalyse, das passt sehr gut zu ihr. Ich verstehe schon, dass das mit der knappen Zeit schwierig für dich ist, aber davon abgesehen ist sie genau der Typ Patient, mit dem du gerne arbeitest.«

»...«

»Gib ihr eine Chance, sie ist wirklich jemand für eine Psychoanalyse.«

»Für eine Kurzzeittherapie, meinst du ...«

»Jetzt hab dich nicht so, Gabriel. Vertrau mir.«

Seufzend gab ich mich geschlagen.

»Gut, gib mir die Unterlagen, ich rufe sie an.«

Ich drehte mich um und machte mich auf den Weg in mein Behandlungszimmer.

»Gabriel.«

»Was?«

»Du wirst schon sehen ... Die Arbeit mit ihr wird dir gefallen.«

Wie recht du hattest, Marcela!

Das war also die Ausgangssituation bei dieser Analyse: Knapp bemessene Zeit, ungewisse Erfolgsaussichten.

Aber als wären wir beide uns dessen völlig bewusst gewesen, verloren wir, anders als in den meisten Fällen, von Anfang an keine Zeit für irgendwelche vorbereitenden Gespräche oder Alltagsfloskeln.

Kaum hatte Natalia sich am ersten Tag mir gegenüber gesetzt und den ersten Satz gesagt, hatte ich das Gefühl, mitten in der Analyse zu sein. Wir verabredeten, uns einmal pro Woche zu treffen. Auf die Couch verzichtete ich, weil ich davon ausging, dass das in ein paar Monaten eher unbequem für sie sein würde.

Natalia war Kinderärztin und auf vorbeugende Therapien spezialisiert. Schon immer hatte sie mit behinderten Kindern gearbeitet. Wie sie selbst sagte, brauchten die am meisten Schutz und Zuwendung. Ihr Mann hieß Raúl. Er liebte sie so sehr – wie Natalia selbst sagte –, dass er sich damit abfand, dass sie in Buenos Aires lebte, weil sie ihrem Beruf dort besser nachgehen konnte. Sie sahen sich höchstens einmal im Monat.

Dass sie schwanger war, bewegte sie sehr. Denn es zwang sie, ihre ganze Lebensplanung zu überdenken und ernsthaft in Erwägung zu ziehen, alles, was sie hier aufgebaut hatte, aufzugeben und zu ihrem Mann zu ziehen. Und genau dazu hatte sie sich dann auch entschlossen. Dass das bedeutete, ihre Arbeit in Buenos Aires tatsächlich zu beenden, konnte sie sich aber immer noch nicht richtig eingestehen. Das hatte zur Folge, dass sie unter Angstzuständen litt und jedes Interesse an ihrem Sexualleben verlor.

Die Sitzung, von der ich nun erzähle, fand drei Monate nach Beginn der Behandlung statt. Natalias Mann Raúl war gerade in Buenos Aires.

»Heute würde ich gerne darüber sprechen, was mit meinem Sexualleben los ist.«

»Sie meinen, dass Sie zurzeit nicht so recht Lust auf Sex haben?«

»Zurzeit nicht so recht Lust? Ich habe schon seit Monaten keinen Sex mehr.«

»Letzte Woche schien Ihnen das nicht so viel Kopfzerbrechen zu bereiten. Warum dann heute?«

»Weil mein Mann hier ist, er ist gestern gekommen. Und, naja, klar, dann stellt sich die Frage natürlich, aber ich fühle mich irgendwie... ich weiß nicht, wie ich es sagen soll...«

»Aber Sie wüssten es gern, oder?«

»Ja, schließlich kann ich nicht so tun, als ginge mich das alles nichts an. Aber zuerst muss ich mir einmal selbst Klarheit verschaffen, ich weiß nämlich nicht, woher das kommt, wieso ich einfach keine Lust habe. Und wenn Raúl da ist, spitzt sich die Frage natürlich zu. Schließlich ist das keine Lappalie, würde ich sagen. Für eine Beziehung ist das ein grundlegendes Thema.«

»Erst recht bei einem Paar wie Ihnen beiden, schließlich führen Sie eine Fernbeziehung. Das heißt, wenn er kommt, möchte er wahrscheinlich zuallererst...«

»Ja, dann möchte er mit mir vögeln.«

»Klar.«

»Aber mittlerweile habe ich nicht bloß keinerlei Lust auf Sex, sondern ich möchte nicht einmal mehr, dass er mich anfasst. Das ist wirklich ziemlich scheußlich.«

»Scheußlich für wen?«

»Für uns beide, für ihn und für mich. Er tut mir geradezu leid.«

»Warum?«

»Na ja, ist doch klar. Für ihn muss es ein ziemlich mieses Gefühl sein. Ich versuche, es mir möglichst nicht anmerken zu lassen. Wenn er ankommt, bin ich zärtlich und liebevoll, ich frage, wie es ihm geht und wie bei ihm alles läuft, und erzähle, was ich so mache.«

»Aber in der Küche, weit weg vom Bett, stimmt's?«

»Ja. Obwohl ich es manchmal nicht vermeiden kann, so sehr ich es versuche.«

»Versuchen Sie es wirklich?«

»Ja, eigentlich schon, aber ich schaffe es nicht immer.«

»Und was passiert dann?«

»Was soll schon passieren?«

»Ich weiß nicht, sagen Sie es mir.«

»Na ja ... dann muss ich eine total unangenehme Rolle spielen, einfach schrecklich.«

»Erklären Sie das bitte genauer.«

»Dann muss ich an all die Frauen denken, die immer schon mit ihren Männern ins Bett gehen mussten und nie einen Orgasmus hatten. Diese ganze Geschichte, dass die Frauen bloß ein Werkzeug für die Lust der Männer sind, Objekte, die nichts selbst entscheiden können.«

»Entschuldigung, dass ich Sie unterbreche, aber sehen Sie sich wirklich in dieser Rolle? Als ein Objekt, das nichts selbst entscheidet?«

»Ja, so sehe ich mich dabei.«

»Seltsam.«

»Ich weiß, es wirkt seltsam, dass eine Frau, die offenbar unabhängig ist und viel erreicht hat und immer gemacht hat, was sie wollte, sich auf einmal in dieser Rolle sieht. Aber so ist es.«

»Und wie fühlen Sie sich dabei?«

»Schrecklich, ich habe das Gefühl ...« Sie dachte einen Augenblick nach und schüttelte dann den Kopf.

»Was ist? Was wollten Sie sagen?«

»Nein, das hat nichts damit zu tun.«

»Sagen Sie es trotzdem, und dann überlegen wir, ob es etwas damit zu tun hat oder nicht. Was für ein Gefühl haben Sie?«

»Das Gefühl, dass mein Körper benutzt wird.«

»Können Sie das ein bisschen ausführlicher darstellen?«

»Ich meine damit nicht, dass ich es als eine Vergewaltigung erlebe, aber doch als einen Missbrauch – ein Wort, von dem ich nie gewusst habe, was es eigentlich genau bedeutet. Aber so erlebe ich es, mein Körper wird missbraucht.«

Ein Missbrauch? Ja, dieses Gefühl hatte sie dabei, so erlebte sie es und so teilte sie es mir mit. Geradezu wütend und sehr entschieden.

»Also gut, ein Missbrauch. Und wer verübt den?«

»In diesem Fall, Raúl. Aber sozusagen stellvertretend.«

Ich hatte den Eindruck, sie merkte nicht, was sie da sagte, ihr war nicht bewusst, wie wichtig ihre Worte waren.

»Einen Moment, Natalia, warten Sie mal.« Um irgendwie den Sinn ihrer Aussage erfassen zu können, versuchte ich, sie aufzuhalten, während es nur so aus ihr heraussprudelte. Aber vergeblich. Sie hörte mir nicht zu. Sie war völlig eingenommen von ihrer eigenen Rede.

»Ich versetze mich an die Stelle all der Frauen, die ihr ganzes Leben lang ihre Männer ertragen mussten und schließlich, was weiß ich, acht Kinder zur Welt brachten, meine Mutter zum Beispiel, oder meine Tante, oder viele andere Frauen. Und ich habe Angst, genauso zu enden. Aber dann sage ich mir wieder, dass mir nichts anderes übrig bleibt, dass ich nachgeben muss, denn es ist ja nicht so einfach, zu deinem Partner zu sagen: ›Hör mal, ich möchte nicht, dass du mich anfasst, ich begehre dich nämlich nicht.‹ Das ist sehr hart. Ich kann aber auch nicht machen, was meine Freundinnen mir raten.«

»Was raten sie Ihnen denn?«

»Ich soll einfach die Beine breit machen und an etwas anderes denken, und wenn ich merke, dass es soweit ist... na ja, dann soll ich eben so tun, als ob ich einen Orgasmus habe, und damit hat sich's. Es dauert ja nicht lange, insgesamt gesehen, und nachher sind alle froh und zufrieden.«

»...«

»Oder wollen Sie behaupten, keine Ihrer Patientinnen macht so etwas ab und zu? Glauben Sie wirklich, Ihnen hat noch nie eine Frau einen Orgasmus vorgespielt?« Sie lachte. »Verstehen Sie, draußen, außerhalb Ihrer Praxis, für die Frauen, die Sie nicht behandeln, sind Sie auch nur ein Mann wie jeder andere.«

»Natürlich. Aber wie auch immer, Ihnen hilft das jedenfalls nicht weiter, denn Ihre Freundinnen können vielleicht einen Orgasmus vortäuschen, und die Frauen, die mir schon mal einen Orgasmus vorgespielt haben, wie Sie meinen, waren auch dazu imstande. Aber Sie nicht, Natalia, Sie können das nicht.«

»Stimmt, ich kann es nicht. Und was soll ich dann tun?«

»Ich würde gerne zwei Sachen noch einmal aufgreifen, die Sie heute gesagt haben.«

»Und zwar?«

»Also, zum einen: Als wir von dem Gefühl, missbraucht zu werden, gesprochen haben, habe ich Sie gefragt, wer Sie missbraucht, und da haben Sie gesagt: ›In diesem Fall, Raúl.‹ Zum anderen ist es, glaube ich, nicht das Gleiche, ob man sagt: ›Ich habe einfach nicht allzu viel Lust‹, oder aber: ›Ich möchte nicht einmal, dass er mich anfasst.‹ Da scheint geradezu Ekel im Spiel zu sein. Über diese beiden Dinge würde ich gerne ein bisschen ausführlicher mit Ihnen sprechen. Nehmen wir uns zunächst mal das Erste vor: ›In diesem Fall, Raúl.‹ Wenn es in diesem Fall um Raúl geht, frage ich mich: In welchem Fall ging es nicht um Raúl?«

Schweigen.

»Ich weiß nicht, mir ist so etwas sonst noch nie passiert, das habe ich bloß so dahergesagt.«

Ich musste lächeln. Natalia hatte schon einmal eine Psychoanalyse gemacht, allzu viel brauchte ich ihr also nicht zu erklären:

»Ach ja, einfach bloß so dahergesagt…«, kommentiere ich ihre letzte Äußerung ironisch.

»Also gut, nein. Sehen Sie… Ich weiß nicht, ob das jetzt dazu passt, aber es gab eine Situation, in meiner Jugend, die ich viel später, ich würde sagen, erst so vor zwei oder drei Jahren, ganz neu bewertet habe.«

»Erzählen Sie doch mal.«

»Na ja, also da wurde ich sexuell missbraucht, auch wenn ich das damals nicht so erlebt habe.«

Nicht zu fassen! Sie war im Begriff, davon zu erzählen, dass sie einmal missbraucht worden war, und tat geradezu, als wäre nichts dabei. Während ich selbstverständlich überzeugt davon war, dass es sich um etwas sehr Wichtiges handelte. Ich sah sie ernst und entschlossen an.

»Erzählen Sie bitte, wie war das. Und wer.«

»Sie brauchen mich nicht so streng anzusehen, so etwas Besonderes war das nicht.«

»...«

»Also, es war mit einem älteren Typen. Er muss damals so um die, mal sehen... dreißig oder fünfunddreißig gewesen sein, und wir waren noch Teenager.«

»›Wir‹? Wer war das?«

»Ach so, ich war nicht das einzige Mädchen.«

»Nein?«

»Nein.« Sie lächelte. »Mario hat fast alle Mädchen aus dem Dorf gevögelt.« Sie lachte.

»Fast alle?«

»Na gut, genau genommen nur die, die in seinem Chor waren. Ich würde allerdings sagen, für die meisten von uns Mädchen war es das erste Mal. Für mich nicht.« Sie lächelte wieder. »Jedenfalls waren wir alle so um die dreizehn bis fünfzehn Jahre alt.«

»Nach dem, was Sie erzählen, Natalia, war das aber keine Lappalie.«

»Ich weiß nicht, so hört es sich vielleicht ziemlich schlimm an, aber eigentlich lief es eher sanft ab und gab sich irgendwie gar nicht als das zu erkennen, was es war. Ich habe es jedenfalls nicht als traumatisch erlebt. Eigentlich haben wir...«

»Nicht ›wir‹.« Ich unterbrach sie. »Erzählen Sie, wie es für Sie war.«

»Mal sehen... Da muss ich überlegen. Eigentlich war Mario ständig damit beschäftigt, jemanden zu verführen. Er war unser Chorleiter, ein total netter Typ.« Ich sah sie an, ohne etwas zu sagen. »Wir hatten wirklich viel Spaß mit ihm. Wir haben zusammen gesungen, und er hat uns auch auf verschiedenen Instrumenten unterrichtet. Wir haben alle möglichen kreativen Sachen gemacht. Einmal kamen wir auf die Idee, ein Musical aufzuführen.«

»Und was ist dabei passiert?«

»Wir haben mit dem Projekt begonnen. Wir haben uns regelmäßig getroffen, Ideen gesammelt, alle waren mit viel Energie bei der Sache. Und so haben wir das Stück nach und nach geschrieben, die Liedtexte und die einzelnen Szenen. Und er hat die Musik dazu komponiert.«

»Aha.«

»Und dann haben wir mit den Proben angefangen.«

»Wie lief das ab?«

»Zuerst alle zusammen, Gruppenproben. Und danach die Einzelproben mit den wichtigsten Darstellern.«

»Haben Sie auch zu denen gehört?«

»Ja, ich habe den ›Tod‹ gespielt.«

»Haben Sie sich diese Rolle ausgesucht?«

»Nein, er hat sie verteilt, nach dem Zufallsprinzip.«

»Wenn er die Verteilung übernommen hat, war es kein Zufallsprinzip.«

»Sie haben recht. Ich kam jedenfalls einmal zur Probe, und da hat er gesagt, der Tod sei eine sehr wichtige Rolle, denn er stehe für etwas Unvermeidliches. Am besten sehe man eine Art Ratgeber in ihm, damit man nicht vergisst, intensiv zu leben, ohne etwas zu unterdrücken. Und was soll ich sagen...« Wieder lächelte sie. »Das hat er damals wirklich gut hinbekommen.«

»Kann sein, dass er das gut hinbekommen hat, aber trotzdem kann ich nicht erkennen, was so reizvoll daran sein soll. Sie offenbar schon.« Sie sah mich an. »Aber erzählen Sie bitte weiter, ich höre zu.«

»Nichts weiter, ich habe mit ihm geschlafen, und das war's, nur dieses eine Mal, danach wollte ich nicht mehr, und Mario hat mich nie zu etwas gezwungen. Er war ein guter Typ.«

Ich betrachtete ihr Gesicht. Während sie über diesen Mann sprach, wirkte sie geradezu begeistert.

»Entschuldigung, Natalia, aber was finden Sie an all dem, was Sie da erzählt haben, so reizvoll?«

»Ich glaube einfach, dass das mit der Chorarbeit mit ihm trotz allem eine sehr interessante Erfahrung war, eigentlich für mein ganzes Leben. Er war wirklich kein bisschen oberflächlich.«

So wie sie davon erzählte, schien sie das Ganze nicht im Geringsten zu berühren. Ich musste sie dazu bringen, sich selbst zuzuhören. Damit sie die Angst, die sie damals – da war ich mir sicher – empfunden haben musste, im Zusammenhang mit der Gesamtsituation sah, von der sie mir gerade erzählt hatte.

»Warten Sie, lassen Sie uns nochmal zu diesem Tag zurückkehren.«

»Zu welchem Tag?«

»An dem er Sie missbraucht hat«, sagte ich und betonte dabei das Wort missbraucht.

»Ach so. Eigentlich war es am späten Nachmittag, und wie gesagt, zuerst haben wir über den Tod gesprochen und über das Leben und darüber, was man wohl tun würde, wenn das die letzten Augenblicke des eigenen Lebens wären. Dann hat er mich gebumst, und das war's. Spaß gemacht hat es nicht, und gekommen bin ich auch nicht, von wegen.«

»Sie meinen, Sie hatten keinen Orgasmus.«

»Kein bisschen.«

»Und haben Sie ihm auch keinen Orgasmus vorgespielt?«, sagte ich mit ironischem Unterton.

»Nein, auch nicht. Sie wissen, dass ich das nicht kann.«

»Wie haben Sie sich damals gefühlt?«

Sie schwieg eine Weile.

»Ich weiß nicht. Es war irgendwie ziemlich merkwürdig, ich kann mich aber nicht mehr so gut daran erinnern. Ich würde nicht sagen, dass er mich vergewaltigt hat, nein, vergewaltigt hat er mich nicht. Aber mir war klar, dass das eigentlich nichts mit mir zu tun hatte. Die Sache ging von ihm aus, nicht von mir. Ich habe einfach gar nichts gemacht.«

»Das heißt, Sie haben zugelassen, dass er Ihren Körper benutzt.«

»Ja, in gewisser Hinsicht schon.«

»Gut, und hier sehe ich einen Zusammenhang zu dem, was Sie vor ein paar Minuten in Bezug auf Raúl gesagt haben: dass Sie das Gefühl haben, Ihr Körper wird ›benutzt‹.«

»Kann sein.«

»Mit einem Unterschied.«

»Und zwar?«

»Dass Sie auf Raúl böse werden, obwohl er Ihr Mann ist und Sie liebt. Auf Mario dagegen nicht. Können Sie sagen, warum?«

»Mario hat mir damals eben viel gegeben. Trotz allem war er einer meiner besten Lehrer, das kann ich wirklich sagen.«

»Aber er hat sich den Unterricht teuer bezahlen lassen, oder nicht?«

Schweigen.

»Wissen Sie was? Ich weiß nicht, ob das wirklich so ist.«

»Kommt darauf an, wie viel es für Sie wert war, dass man Ihren Körper benutzt hat.«

»Vielleicht war es nicht so viel im Vergleich zu all dem, was er mir gegeben hatte. Vor ungefähr zwei Jahren habe ich mich allerdings einmal mit meiner Freundin Lorena unterhalten, die damals auch bei dem Chor mitgemacht hat, und als wir uns an unsere Erlebnisse mit Mario erinnert haben, ist bei mir auf einmal der Groschen gefallen. Ich habe Lorena angesehen und gesagt: ›Schön blöd, das war sexueller Missbrauch.‹«

»Das heißt, Ihnen ist zumindest endlich klar geworden, was damals mit Ihnen passiert ist. Natalia, Sie wissen durch Ihren Beruf, dass solche Sachen bei Kindern tiefe Spuren hinterlassen, oder?«

»Ehrlich gesagt, weiß ich nicht, ob das bei mir überhaupt eine Spur hinterlassen hat.«

»Natalia...«

»Na gut... Aber ärgern Sie sich bitte nicht über das, was ich Sie jetzt frage: Ist das mit dem sexuellen Missbrauch in der menschlichen Natur nicht geradezu angelegt? Wie Sie gesagt haben, arbeite ich ja mit Kindern, und ehrlich gesagt stoße ich dabei dauernd auf dieses Thema.«

»Gut möglich, dass das viel häufiger vorkommt, als die Leute annehmen. Das heißt aber noch lange nicht, dass das ›in der menschlichen Natur geradezu angelegt‹ ist. Es ist und bleibt eine unverzeihliche, scheußliche Perversion. Wir Analytiker geben normalerweise keine Werturteile ab, Natalia, aber bei diesem Thema kann ich einfach nicht neutral oder großzügig sein. Das ist eine Frage der Gesetze, des Schutzes der Kinder und aller anderen wehrlosen Personen, da gibt es nichts zu relativieren, erst recht nicht, wenn man bedenkt, was für Schaden in solchen Fällen angerichtet werden kann.«

»Ich habe aber nicht das Gefühl, dass diese Geschichte größere Spuren bei mir hinterlassen hat.«

»Hm ... Lassen Sie uns das mal genauer ansehen. Meiner Meinung nach könnte es im Gegenteil sogar sein, dass das Trauma so schwerwiegend war, dass Sie ihm, wie auch immer, alles Beängstigende genommen haben, nur um irgendwie damit zurechtzukommen.« Ich machte eine kurze Pause. »Wenn etwas so stark ist, dass wir emotional damit überfordert sind und das Gefühl haben, das halten wir unmöglich aus, wehren wir uns manchmal, indem wir die Erinnerung daran von dem, was wir dabei empfunden haben, einfach trennen. Auf diese Weise sind wir imstande, die Erinnerung beizubehalten, ohne dass sie uns allzu viel ausmacht, denn die damit verbundene Angst haben wir ja irgendwo anders hin verbannt.«

»Aber was passiert mit dieser Angst? Wegzaubern können wir sie ja kaum...«

»Nein, natürlich nicht. Das ist es ja gerade. Normalerweise knüpft sie sich an etwas anderes.«

»Das verstehe ich nicht ganz, glaube ich.«

»Es ist möglich, dass wir diese Angst nach außen projizieren und eine Beziehung mit etwas anderem eingehen lassen, zum Beispiel mit irgendeinem Tier, und sei es noch so harmlos, sagen wir, eine winzige Küchenschabe. Daraufhin taucht die Angst, die eigentlich von dem herrührt, was wir einst erlebt haben, wieder auf, sobald sich irgendwo eine Küchenschabe zeigt.«

»Aber so etwas nennt man doch Phobie...«

»Das nennt man nicht nur so, das *ist* eine Phobie.«

»Und in meinem Fall? Ich habe schließlich keine Angst vor irgendwelchen Tieren.«

»Ich weiß, Natalia. Das war auch nur ein Beispiel, um Ihnen zu zeigen, wie unsere Ängste sich auf völlig andere Dingen verlagern können.«

»Und Sie glauben, das ist in meinem Fall passiert?«

»Da bin ich mir sicher.«

»Das heißt, als ich diesen Missbrauch erlebt habe...«

»Moment, lassen Sie uns die Dinge beim Namen nennen: Sie haben keinen Missbrauch ›erlebt‹, Sie haben einen Missbrauch ›erlitten‹.«

»Na gut, kann sein. Aber eine Vergewaltigung war es trotzdem nicht.«

»Wahrscheinlich nicht. Vielleicht hilft es Ihnen, genauer über diese Geschichte nachzudenken, wenn wir den Unterschied zwischen Vergewaltigung und Missbrauch zu klären versuchen.«

»Und der wäre...«

»Also, für Sie bedeutet Vergewaltigung, dass jemand Gewalt anwendet, oder sagen wir: seine Körperkraft, um mit einem anderen Menschen Geschlechtsverkehr zu haben. Und in diesem Sinne hat Mario Sie Ihrem Eindruck nach nicht vergewaltigt. Richtig?«

»Ja.«

»Missbrauch wäre dann also etwas anderes, eine Handlung, die nicht unbedingt den Einsatz körperlicher Gewalt voraussetzt, dafür aber sehr wohl den Einsatz von Macht. Eine seelische Manipulation, die sich gegen jemanden richtet, der schutzlos oder unterlegen ist und der über keine Mittel verfügt, um sich zur Wehr zu setzen, ganz zu schweigen davon, dass er keine freie Wahl hat. So gesehen werden Sie mir sicherlich zustimmen, dass es sich in beiden Fällen – bei einem Missbrauch genau wie bei einer Vergewaltigung – um schmerzhafte und traumatische Erfahrungen handelt.«

Schweigen.

»Aber Mario war ein netter Typ...«

»Nein, Natalia. Mario war ein Psychopath, der Sie manipuliert hat. Er hat Ihnen vorgegaukelt, Sie wären gleichberechtigt, aber in einer Situation, die er künstlich herbeigeführt hatte, um sich selbst Lust zu verschaffen. Außerdem hat er Ihnen erfolgreich das Gefühl vermittelt, dass Sie nichts sagen, dass Sie ihn weder beschimpfen noch anzeigen, ja, dass Sie ihm nicht einmal böse sein können, weil er Sie zu nichts gezwungen hat. Im Gegenteil, er war sanft und zärtlich und verständnisvoll. Und das ist eigentlich das

Schlimmste an dieser Geschichte. Dieser Typ, dieser Psychopath, dieser ... dieses Arschloch, meine ich, hat Ihnen das Gefühl vermittelt, Sie würden sein Spiel freiwillig, ganz von sich aus mitspielen.«

»Ich war damals aber nicht auf den Kopf gefallen, ich habe genau gewusst, was ich mache.«

»Ihre Nichte Aldana, wie alt ist die jetzt?«

»Dreizehn.«

Ich sagte nichts darauf. Ein langes Schweigen trat ein. Ein sehr langes Schweigen. Sie brauchte das. Und ich gestand es ihr zu.

»Verdammte Scheiße, ich war damals ... noch ein richtiges Kind«, brach es schließlich aus ihr hervor. Jetzt kamen die Tränen und auch der Schmerz.

»Natalia, Sie wissen, wie wichtig es ist, dass man sich um Kinder kümmert. Das war Ihnen immer klar. Sie haben das sogar zu ihrem Beruf gemacht. Sie haben es selbst gesagt: Vorsorge, das sehen Sie als Ihre Aufgabe an. An dieser Stelle frage ich mich allerdings: Wovor möchten Sie die Kinder schützen? Vor welchen Risiken, vor welchen Gefahren?«

»Wollen Sie damit sagen, dass sogar meine Berufswahl davon beeinflusst war?«

»Sehen Sie, manchmal ist es schon erstaunlich, mitzuerleben, wie Menschen ›draußen‹, also an anderen, etwas erkennen, was sie ›drinnen‹, bei sich selbst, nicht erkennen können. Als Sie sich vorgestellt haben, Ihrer Nichte könnte so etwas passieren, was hat das bei Ihnen ausgelöst?«

Sie schwieg eine Weile. »Angst und Ekel.«

Sie schwieg immer noch.

»Puh«, seufzte sie schließlich. »Also wirklich ... Ich weiß gar nicht, wie Sie mich auf dieses Thema gebracht haben.«

»Oh doch, das wissen Sie genau.«

»Ich weiß wirklich nicht mehr, wie wir darauf gekommen sind.«

»Wenn Sie möchten, sage ich es Ihnen. Sie haben mit dem Thema angefangen und erzählt, Sie hätten das Gefühl, Ihr Mann würde Sie missbrauchen. Sie haben das wirklich wütend gesagt, und voller Kummer und Angst, dabei ist Ihr Mann ein sehr großmütiger und feiner Mensch, der Sie über alles liebt. Daraufhin habe ich Sie gefragt: ›Wer missbraucht Sie wirklich?‹ Denn ich hatte den Eindruck, Ihr Vorwurf zielte auf etwas ganz anderes ab. Und da haben Sie fast lächelnd geantwortet: ›Na gut, also, ich war damals ein Teenager...‹ Und dann haben Sie die Geschichte mit diesem Mario erzählt. Und danach...«

»Das spielt also doch eine gewisse Rolle für mich, oder?«

»Was denken Sie selbst?«, fragte ich zurück. »Dass Sie mit Ihrem jetzigen Partner einen Konflikt haben, ist deshalb nicht egal, aber zunächst sollten wir wohl doch möglichst gründlich an dieser Geschichte aus Ihrer Jugend arbeiten. Ich weiß, dass Sie im Moment sehr damit zu kämpfen haben, dass Sie keine Lust verspüren, dass Sie nicht begehren können und keinen Orgasmus erleben. Aber darüber sollten Sie eigentlich schon bald wieder hinwegkommen.«

Seit dieser Sitzung sind acht Monate vergangen. Natalia hat eine Tochter zur Welt gebracht und ist zu ihrem Mann in den Norden gezogen. Raúl setzt sich sehr für die Familie ein und versucht, sie zusammenzuhalten. Zugleich ist es ihm gelungen, auf gesunde Weise stärker als bisher seine eigenen Wünsche einzufordern und Natalia nicht mehr alles zuzugestehen, bloß um sie zufriedenzustellen.

Auch Natalia leistet einen hohen Einsatz für das Gelingen dieser neuen Konstellation. Es fällt ihr noch ein wenig schwer, sich an die veränderte Situation anzupassen. Ihren Beruf hat sie jedoch nicht aufgegeben. Im Gegenteil, sie hat bereits mit verschiedenen Gesundheitszentren in dieser Grenzregion Kontakt aufgenommen, um weiter ihrer Lieblingsbeschäftigung nachzugehen: Vorsorgemaßnahmen für besonders gefährdete Kinder.

Über den Missbrauch, den sie in der Pubertät erlitten hat, sprachen wir auch noch in späteren Sitzungen. Anfangs sperrte sie sich weiterhin gegen dieses Thema. Zuletzt gelang es ihr aber, die von ihr selbst errichteten inneren Schutzwälle einzureißen und ihrem Schmerz und ihren Ängsten freie Bahn zu lassen. Sie schimpfte, tobte, empörte sich, wie ungerecht es sei, dass ihr so etwas zufügt worden war, und dass es nicht sein könne, dass ›dieser Kerl‹ immer noch als Lehrer arbeite, dem ›jede Menge Kinder‹ anvertraut seien. So wie ich zunächst versucht hatte, sie dazu zu bringen, sich der schmerzhaften Erinnerung auszusetzen, bemühte ich mich später, ihr beizustehen und sie zu beruhigen.

Sie hat eine harte und schmerzhafte Wahrheit anerkannt: Sie ist sexuell missbraucht worden. Und ich gebe ihr Recht, das ist eine große Ungerechtigkeit. Es kommt aber immer wieder vor. Das Leben ist nicht nur gerecht.

Sie schreibt mir fast jede Woche. Und bei ihren beiden

bisherigen Besuchen in Buenos Aires haben wir uns jeweils zu einer Sitzung getroffen.

Sitzungen bloß alle zwei Monate?

Ja. Das hört sich seltsam an, nicht gerade wie es die Lehre der Psychoanalyse eigentlich verlangt. Aber diese Analyse hat sich von Beginn an wenig um die reine Lehre geschert.

Natalia lebt über tausend Kilometer entfernt von hier, ich sehe sie auch künftig nur alle zwei Monate. Trotzdem weiß sie, dass ich hier bin und ihr weiterhin als Analytiker zur Seite stehe. Und ich weiß, dass sie trotz der großen Entfernung weiterhin meine Patientin ist.

Die Augen Gottes
Antonios Geschichte

»Gott ist in mir,
doch plötzlich schweigt er,
lässt mich allein, und blind
und hilflos suche ich nach Gleichgewicht,
nach festem Boden unter meinen Füßen.«

       Horacio Castillo

Ich starrte das Bild an der Wand an. Seit zwanzig Jahren lag ich nun schon regelmäßig auf dieser Couch, aber die Bedeutung dieses Bildes hatte ich bis heute nicht entschlüsseln können. Abgesehen davon, dass ich es schrecklich fand, was ich allerdings nie verraten hatte, ja nicht einmal angedeutet. Schließlich dekoriert jeder sein Behandlungszimmer, wie es ihm am besten gefällt.

Mein Zimmer, zum Beispiel, hat Parkettboden und weiß gestrichene Wände, eine Sitzgarnitur aus schwarzem Leder, einen kleinen Couchtisch, eine Stehlampe, die von der Ecke aus sanftes Licht verbreitet, und an der Wand über der Patientencouch das Bild *Guernica* von Picasso. Das ist alles. Wie ein Patient von mir, der Innenarchitekt ist, einmal gesagt hat: ein minimalistisches Ambiente.

Mit solchen Gedanken war ich beschäftigt, als die Stimme von Gustavo, meinem Analytiker, mich in die Wirklichkeit zurückrief.

»Und, was werden Sie machen?«

»Ich weiß nicht, ich bin unsicher. Als ich mit ihm telefoniert habe, wusste ich nicht so recht, was ich sagen sollte. Ich glaube, ich habe mich ziemlich ungeschickt angestellt. Sie wissen, dass ich im Lauf der Jahre schon mit allen möglichen Menschen zu tun gehabt habe. Männer, Frauen, Jugendliche, alte Leute, Bisexuelle, Neurotiker, Psychotiker, sogar der eine oder andere Perverse. Außerdem Leute, die den verschiedensten Berufen nachgingen: Selbstständige, Künstler, Angestellte, Kaufleute... So ziemlich alles war vertreten. Aber *so etwas* ist mir trotzdem vollkommen neu.«

»Na gut, aber irgendwann ist immer das erste Mal. Was wollen Sie also machen?«

»Ich weiß es einfach nicht. Sie müssen zugeben, dass es wirklich eine ganz schön seltsame Situation ist. Ich bin wie vor den Kopf geschlagen und komme mir auf einmal wie ein Anfänger vor...«

»Ich kann mir vorstellen, dass es seltsam für Sie sein muss. Aber ihm dürfte es genauso gehen, vergessen Sie das nicht.«

»Das hat er auch gesagt.«

»Wie hat er es denn ausgedrückt?«

»Er hat gesagt, er wisse nicht, ob es richtig ist, was er da macht. Und es könne ernste Folgen für ihn haben, wenn jemand aus seiner Umgebung erfahren sollte, dass er bei einem Psychologen gewesen ist.«

»Ist es denn so schlimm?«

»Hier geht es um sehr konservative Kreise, Gustavo. Denken Sie nur daran, wie beeindruckt ich und selbst Sie waren, als wir von der Sache erfahren haben. Und dann stellen Sie sich vor, was die Mitstreiter dieses Mannes davon halten würden, von seinen Vorgesetzten gar nicht erst zu reden. Die würden es als Häresie betrachten.«

»Sehen Sie, Gabriel, für Sie ist das eine ungewohnte

Situation. Mir würde es genauso gehen, da will ich Ihnen nichts vormachen. Aber ich nehme an, der Mann hat seine Gründe, wenn er sich an Sie wendet und um einen Gesprächstermin bittet. Offensichtlich braucht er Ihre Hilfe.«

»Und das heißt?«

»Das heißt: Warum sollten Sie ihm diese Hilfe verweigern?«

»Ich bin mir nun mal sicher, dass es irgendwann zum Konflikt zwischen ihm und mir kommen wird.«

»Wenn es um die menschliche Seele geht, ist das unvermeidlich, Gabriel. Oder haben Sie diese Erfahrung noch nicht gemacht?«

»Selbstverständlich.« Ich lächelte. »Genau damit arbeiten wir ja.«

Schweigen.

»Gabriel, ›das‹, was Ihnen da entgegentritt, ist vor allem ein Mensch, der leidet. Und, für Sie, eine echte Herausforderung. Aber so etwas passiert Ihnen ja wohl nicht zum ersten Mal, oder?«

»Nein.«

»Wie bei jeder Herausforderung gibt es die Möglichkeit, dass Sie sie erfolgreich meistern, oder aber es zeigt sich, dass Sie Ihrer Aufgabe nicht gewachsen sind. Es besteht also die Gefahr, dass Sie die enttäuschende Erfahrung des Scheiterns machen müssen. Entscheiden Sie selbst: Wollen Sie das Risiko eingehen oder nicht?«

»Ich bin mir wirklich nicht sicher, ob ich in diesem Fall erfolgreich werde arbeiten können. Und ich möchte dem Mann keine falschen Hoffnungen machen.«

»Bravo, Sie haben gleich zwei Dummheiten in ein und demselben Satz gesagt. Zum einen, dass Sie sich nicht sicher sind, ob Sie erfolgreich werden arbeiten können – Gabriel, diese Sicherheit besteht nie, egal um welchen Fall es sich handelt! Und zum anderen haben Sie gesagt, Sie möchten dem Mann keine falschen Hoffnungen machen. Gibt es etwa Leute, bei denen Sie das anders sehen? Als Analytiker dürfen Sie einem Patienten niemals falsche Hoffnungen machen, das gilt nicht bloß für diesen Mann. Ich weiß, Sie haben viel Erfahrung. Darf ich Ihnen trotzdem etwas raten?«

»Ich bitte darum.«

»Machen Sie ihm einen Vorschlag. Bieten Sie ihm eine begrenzte Zahl von Treffen an, sagen wir ... sieben, das klingt geradezu biblisch und müsste ihm eigentlich gefallen.« Ich lächelte. »Ich weiß, dass man normalerweise nur drei oder vier Vorgespräche führt, aber in diesem Fall brauchen Sie wahrscheinlich mehr. Wenn Sie sehen, dass die Arbeit ergiebig ist, machen Sie weiter. Und wenn nicht, beenden Sie sie nach den ersten sieben Treffen. Verpflichten Sie sich – und ihn – zunächst nur zu diesen Begegnungen und sehen Sie, wie es Ihnen – und ihm – dabei geht.«

»Gute Idee, ich brauche wirklich erst einmal eine gewisse Probezeit. Wie gesagt, übermäßig sicher bin ich mir in dieser Sache nämlich nicht. Aber so können wir uns ein wenig kennenlernen und dann entscheiden, ob die gemeinsame Arbeit etwas bringt.«

»Na dann tun Sie, was Sie zu tun haben. Ich wünsche Ihnen viel Glück. Um eines möchte ich Sie aber noch bitten.«

»Und zwar ...«

»Ich bin schon ein paar Jahre länger als Sie in diesem Beruf tätig.« Ich nickte. »Wenn sich die Arbeit an diesem Fall entwickelt, dann halten Sie mich bitte auf dem Laufenden, einverstanden?«

Ich musste lachen.

»Lachen Sie nicht. Sie sind der erste Psychologe, den ich kenne, der mit einem Priester eine Analyse macht.«

»Ich kenne auch keinen, der so etwas schon einmal getan hat.«

»Deshalb sage ich ja: Viel Glück!« Und als ich schon an der Tür stand, ergänzte er: »Ach so, Gabriel: Gott sei mit Ihnen.«

Ich grinste und verließ mit entschlossenen Schritten die Praxis. Versuchen wollte ich es auf jeden Fall.

Antonio ging auf den Vorschlag, der eigentlich von meinem Analytiker stammte, bereitwillig ein, und wir machten uns sofort an die Arbeit. Beide waren wir gespannt, wie weit wir bei den sieben Gesprächen kommen würden.

Erste Sitzung

»Entschuldigen Sie, es fällt mir nicht leicht anzufangen, für mich ist das alles sehr ungewohnt.«

»Das kann ich verstehen.«

»Ich weiß nicht, wie man das macht… sich analysieren, meine ich.«

»Fangen Sie einfach an zu sprechen, worüber Sie möchten, und vergessen Sie nicht: Niemand wird das, was Sie sagen, beurteilen.«

Er lächelte.

»Das ist schon einmal etwas ganz Neues für mich.«

»Das kann ich mir vorstellen. Aber wie auch immer... Sie könnten zunächst einmal etwas über sich selbst erzählen und wenn möglich erklären, was Sie dazu gebracht hat, mich um diese Gespräche zu bitten.«

»Wäre es nicht besser, dass ich zuerst sage, was ich meiner Meinung nach schlecht gemacht habe, damit Sie mir sagen können, ob das so ist oder nicht?«

»Antonio, ich bin nicht derjenige, der Ihnen zu sagen hat, was gut und was schlecht ist.«

»Einverstanden, dann fange ich jetzt an: Ich bin dreiundfünfzig Jahre alt und komme aus einer gut situierten Familie aus der Provinz Buenos Aires. Mein Vater Ubaldo ist fünfundachtzig Jahre alt und Agraringenieur von Beruf. Wir besaßen Land, das heißt, ich bin auf einem Gut aufgewachsen, wo ich die Vögel zwitschern hörte und wo die Pampa sich weit vor meinen Augen ausdehnte. In dieser Landschaft kann man unglaublich gut zu sich selbst kommen und Gottes Gegenwart spüren. Alles ist so ungeheuer weit und still. Ich weiß nicht, ob Sie mich verstehen können?«

»Aber ja!«

Wie sollte ich ihn nicht verstehen? Während meiner Kindheit in einem kleinen Dorf in der Nähe von Chivilcoy hatte ich ähnliche Dinge erlebt. Ich weiß noch, wie ich nachmittags auf dem Gatter saß und in die Ferne sah, ganze Stunden konnte ich damit verbringen und warten, bis mein

Vater von der Arbeit zurückkehrte. Dann sprang ich hinunter und lief ihm entgegen. Natürlich wusste ich, wovon er sprach. Bei dem bloßen Gedanken daran geriet in meinem Inneren vieles in Bewegung. Hier ging es aber nicht um mich, sondern um meinen Patienten. Deshalb erzählte ich ihm auch nichts von alldem. Er sprach inzwischen weiter über seinen Vater.

»Er lebt jetzt im Altersheim. Ich habe ihn hierher geholt, in die Stadt, damit ich mich persönlich um ihn kümmern kann. Das war keine einfache Entscheidung. Er war dagegen, und vielleicht hatte er recht. Vielleicht hätte ich es ihm ermöglichen sollen, in seiner gewohnten Umgebung zu bleiben, bis Gott beschließt, ihn zu sich zu nehmen.«

»Und warum haben Sie ihn dann hierher geholt?«

»Ich hielt es für besser.«

»Für ihn oder für Sie?«

»Vielleicht für uns beide. Trotzdem habe ich Schuldgefühle deswegen.«

Schweigen.

»Und Ihre Mutter?«

»Meine Mutter ist gestorben, als ich sechzehn war.«

»Erinnern Sie sich noch an sie?«

»Ja. Sie war schön und sanft... eine Sonne. Aber Sie wissen ja, wie Erinnerungen sind.«

»Wie denn?«

»Trügerisch. Manchmal verändern die Zeit und das Gedächtnis die Dinge.«

»Erzählen Sie mir noch etwas mehr von Ihrer Mutter.«

»Meine Mutter war sehr gläubig. Ihr Lieblingssatz war:

›Gott sieht alles.‹ Ich nehme an, mein Glaube kommt vor allem daher.«

Wieder schwiegen wir. Obwohl er ein angenehmer, gebildeter und intelligenter Mensch war, waren wir beide spürbar befangen und hatten Mühe, das Gespräch in Gang zu halten. Es war offensichtlich, dass keiner von uns diese Situation als normal und natürlich erlebte.

»Antonio, ich muss Sie etwas fragen.«

»Bitte.«

»Warum sind Sie hier und unterhalten sich mit mir, und nicht in einem Beichtstuhl, mit einem Priester?«

Er überlegte, bevor er antwortete.

»Ich weiß nicht. Das habe ich mich auch schon gefragt. Aber eine Antwort darauf habe ich noch nicht gefunden. Vielleicht können Sie mir dabei helfen.«

»Ich werde es zumindest versuchen, das verspreche ich Ihnen.«

»Ich habe jedenfalls ein schlechtes Gewissen, weil ich hier bin, das muss ich zugeben.«

»Warum?«

»Weil es so ist, als würde ich meinen Glauben verleugnen.«

»Inwiefern?«

»Weil ich dadurch den Gedanken akzeptiere, meine Ängste könnten durch ein psychologisches Problem bedingt sein und nicht durch ein geistliches.«

»Vielleicht ist das gar kein so großer Unterschied.«

»Kann sein.«

Wir unterhielten uns noch eine Weile, bis die erste unserer sieben gemeinsamen Sitzungen zu Ende war. Anfangs fühlte ich mich tatsächlich etwas angespannt, aber nach und nach wurden wir beide lockerer und zuletzt erlaubten wir uns sogar den einen oder anderen Scherz.

Zweite Sitzung

Bei unserer zweiten Sitzung ging es vor allem um die Schuldgefühle, die Antonio empfand, da er in der letzten Zeit oft aggressiv war.

»Ich weiß nicht, was mit mir los ist, aber ich bin die ganze Zeit schlecht gelaunt. Ich habe Ihnen ja schon gesagt, dass es in meiner Gemeinschaft viele sehr einfache Menschen gibt, die kaum in den Genuss von Bildung gekommen sind und auch sonst nur über wenige Fähigkeiten verfügen.«

»Sind Sie sozusagen das, was man einen ›Armen-Priester‹ nennt?«

»So könnte man es bezeichnen. Es stimmt, mir war es immer wichtig, denen nahe zu sein, die leiden, und ich habe seit jeher versucht, Menschen zu helfen, die von der Gesellschaft an den Rand gedrängt werden oder vom Weg abkommen, oft sind das Jugendliche, die Drogen nehmen und straffällig werden.«

»Das finde ich sehr bewundernswert und christlich, und es ist keine einfache Arbeit, dafür muss man über viel Geduld und Ausgeglichenheit verfügen.«

»Ich sehe es als meine Pflicht an. Ich hatte immer das Gefühl, dass Gott mich dazu berufen hat. Und zeitlebens hat die Erfüllung dieser Aufgabe mich sehr glücklich gemacht.«

»Und jetzt?«

»Jetzt geht es mir nicht mehr so gut. Ich habe keinerlei Geduld. Ich bin empfindlich und reizbar, und beim kleinsten Anlass rege ich mich auf. Aber ein Priester, der die Schwächen der Gläubigen nicht erträgt, taugt zu nichts.«

»Und wie fühlen Sie sich bei alldem?«

»Schuldig.«

Schweigen.

»Sie fühlen sich auffällig oft schuldig, Antonio.«

»Finden Sie?«

»Ja. Sie haben gesagt, Sie fühlen sich schuldig, weil Sie Ihren Vater in die Stadt geholt und dort in einem Altersheim untergebracht haben, Sie haben Schuldgefühle, weil Sie einen Psychologen um Rat fragen, weil Sie das Ihren Vorgesetzten verschweigen und auch weil Sie den Eindruck haben, in letzter Zeit den anderen gegenüber nicht mehr so tolerant zu sein wie früher. Wir haben uns erst zweimal getroffen, aber Sie sehen ja selbst, wie viele Gründe, sich schuldig zu fühlen, Sie mir bereits genannt haben. Finden Sie das nicht auffällig?«

»Ich weiß nicht. Haben Sie eine Erklärung dafür?«

»Ich habe zumindest eine Vermutung.«

»Bitte erläutern Sie sie mir.«

»Die Erfahrung hat mir gezeigt, dass Menschen, die aus lauter verschiedenen Gründen Schuldgefühle haben, möglicherweise eine wesentlich tiefer liegende Schuld empfinden, die größer und viel schwerer zu ertragen ist. Und gerade weil sie diese ›große Schuld‹ – um sie einmal so zu bezeichnen – nicht annehmen können, verschieben sie das Ganze auf näher liegende Dinge, für die sie eher die Verantwortung übernehmen können. Das kann aber zuletzt so weit gehen, dass sie sich für praktisch alles schuldig fühlen. Und dann ist es irgendwann kaum noch auszuhalten.«

»Und was muss ich tun, um herauszufinden, ob das auch in meinem Fall so ist?«

»Wir könnten mit dem Thema anfangen, das Sie heute ohnehin ansprechen wollten, und sehen, wie weit wir damit kommen.«

»Einfach so?«

»Ja, einfach so.«

Er lächelte. »Seltsam, diese Art, sich selbst zu analysieren…«

»Ich verstehe, dass Ihnen das seltsam vorkommt, es ist bestimmt ganz anders als alles, was Sie gewohnt sind, aber haben Sie bitte ein wenig Vertrauen!«

»Ich soll Ihnen Glauben schenken, meinen Sie?«

»Nein, Sie sollen darauf vertrauen, dass die Antwort auf die Frage nach den Gründen für Ihre Ängste und Ihren Kummer in Ihnen selbst liegt. Ich werde bloß versuchen, Ihnen zu helfen, bis dorthin vorzudringen.«

»Gut, dann versuchen wir es also.«

»Danke. Und?«

»Also, wie gesagt, ich bin schon seit Längerem meistens schlechter Laune, wenig geduldig mit den Anderen, und ich werde schnell ungehalten, ja zornig.«

»Wem gegenüber?«

»Den Kindern, die in die Gemeinde kommen.«

»Allen?«

»Na ja, eigentlich nicht allen, aber vielen von ihnen.«

»Aha. Und welchen Kindern?«

»Manchen.«

»Und was verbindet diese Kinder?«

»Nichts.«

»Sicher?«

»Sicher. Es sind Jungen wie Mädchen darunter, sie kommen aus verschiedenen Familien ... ich wüsste nicht, was sie gemeinsam haben sollten.«

»Irgendetwas muss es doch geben.«

»Ich sehe schon, Psychologen sind hartnäckiger, als ich dachte.«

»Und?«

Er zögert eine Weile. »Na gut, wenn ich es genauer bedenke, gibt es doch etwas, was sie verbindet.«

»Darf ich fragen, was?« Ich merkte, dass er sich sträubte. Ich vermutete, er traute mir noch nicht ganz. »Antonio, das Beichtgeheimnis ist für Sie etwas Selbstverständliches, oder?«

»Ja, natürlich.«

»Würden Sie etwas weitererzählen, was Ihnen jemand im Vertrauen auf Ihre Geheimhaltung gesagt hat?«

»Niemals.«

»Gut. Auch wir Psychologen fühlen uns unseren Patienten in ähnlicher Weise verpflichtet. Nur heißt das bei uns anders. Wir nennen es ›Berufsgeheimnis‹.« Ich sah ihn fest an. »Sie brauchen keine Angst zu haben, alles, was Sie sagen, bleibt unter uns.«

Er seufzte und sagte schließlich:

»Was diese Kinder verbindet, ist die Person, die sich um sie kümmert.«

»Und wer ist das?«

»Ein Mädchen, sie heißt Mary.«

»Wie alt ist dieses Mädchen?«

»Fünfundzwanzig.«

»Aha, dann ist sie aber kein Mädchen mehr, sondern eine Frau.«

»Ja, ich kenne sie allerdings schon sehr lange, und für mich war sie immer ein Mädchen.«

»Und jetzt, Antonio? Sehen Sie sie inzwischen anders?«

Er blickte mich wütend an. »Was wollen Sie damit sagen?«

»Nichts, ich frage bloß.«

»Stellen Sie sich nicht dumm. Ich weiß, dass für Sie Psychologen alles mit Sexualität zu tun hat. Aber dieses Mal haben Sie Ihr Ziel verfehlt, ich habe noch nie ein Auge auf eine Frau geworfen, die in meiner Gemeinde erschienen ist, ganz egal, ob sie jung oder alt war, niemals. Das sind Frauen, die zu wenig zu essen haben, zu wenig Zuneigung, Frauen, die misshandelt und ausgegrenzt werden. Wie kommen Sie auf den Gedanken, ich könne mein Amt diesen Frauen gegenüber ausnutzen? Man merkt, dass Sie mich nicht kennen. Sie wissen überhaupt nicht, mit wem Sie es zu tun haben.« Schweigen. »Ich glaube, es war ein Fehler, dass ich hierher gekommen bin.«

Die Stimmung war angespannt. Ich wollte mich bei ihm entschuldigen, weil ich ihn gekränkt hatte. Mir war bewusst, dass ich mit einem Mann sprach, der von seiner Arbeit ganz und gar überzeugt war und sein Leben den

Bedürftigen gewidmet hatte. Jemand, der seelenruhig auf seinem Landgut umherspazieren könnte, doch sich stattdessen die meiste Zeit in einem Elendsviertel aufhielt, wo er versuchte, den Menschen zu helfen. Ich fühlte mich schuldig. Ich hätte ihn um Verzeihung bitten sollen.

Aber... Moment mal. Was hatte ich da gerade zu mir gesagt?

›Ich fühle mich schuldig. Ich sollte ihn um Verzeihung bitten.‹

Warum rief Antonio diese Regungen in mir hervor? Gehörten sie wirklich zu mir? War ich dafür verantwortlich, was ich in diesem Augenblick empfand, oder hatte mein Patient gleich mehrere Gefühle auf mich projiziert, die eigentlich ihn betrafen?

Er glaubte an seinen Gott, ich vertraute meiner Befragungstechnik. Bis jetzt hatte mir das geholfen, viele Leute zu unterstützen. Warum sollte es nicht auch diesmal funktionieren? Wäre Antonio Rechtsanwalt oder Angestellter einer Bank, hätte ich ihn dann auch um Entschuldigung bitten wollen, oder hätte ich stattdessen seine Verärgerung aufgegriffen, um damit zu arbeiten, und die Gefühle analysiert, die er in mir hervorgerufen hatte?

Mir fiel wieder ein, was mein Analytiker gesagt hatte, als ich ihm von meinem ersten Treffen mit Antonio erzählt hatte: »Vergessen Sie das nicht, Gabriel, für Sie ist er jetzt kein Priester, sondern ein Patient. Gestehen Sie ihm diese Chance zu und analysieren Sie ihn wie jeden anderen auch.«

»Antonio, meine Frage hat Sie offensichtlich sehr verärgert.«

»Ja, schließlich haben Sie mir vorgeworfen, ich würde einer Frau aus meiner Gemeinde nachstellen.«

»Nein, diesen Vorwurf habe ich Ihnen nicht gemacht. Sehen Sie selbst, wie Sie meine Frage aufgefasst haben: Ich hatte Sie bloß gefragt, ob Sie diese Frau immer noch wie ein Mädchen ansehen. Und sie ist ja kein Mädchen mehr, das muss man zugeben.«

»Selbstverständlich.«

»Und irgendwann müssen Sie diese Veränderung bemerkt haben.«

»Sicherlich.«

»Wann?«

»Das weiß ich nicht«, antwortete er sofort.

Wenn ein Patient versucht, eine Frage so schnell abzuschütteln, sollte man seiner Antwort misstrauen.

»Ich glaube, Sie wissen es durchaus.«

»Sie werfen mir vor, ich sei ein Lügner?«

»Nein, nur dass Sie nicht wissen, dass Sie es wissen. Allerdings haben Sie jetzt bereits zweimal Äußerungen von mir als Vorwurf aufgefasst. Dabei ich habe Ihnen doch schon gesagt: Ich bin nicht hier, um Sie zu verurteilen, sondern um Ihnen zu helfen, über sich nachzudenken. Lassen wir es für heute so stehen. Ich möchte Sie aber bitten, sich alles, was sich im Verlauf unseres heutigen Gespräches ereignet hat, noch einmal durch den Kopf gehen zu lassen.«

Er stand auf, und ich begleitete ihn zur Tür. Beim Abschied hatte ich das Gefühl, dass dies womöglich sein letzter Besuch in meiner Praxis gewesen war.

Zum Glück sollte sich das als Irrtum erweisen.

Dritte Sitzung

»Schön, Sie zu sehen«, sagte ich zur Begrüßung. »Nach unserem letzten Gespräch hatte ich gedacht, Sie würden nicht mehr kommen.«

»Herr Rolón, wir haben sieben Treffen vereinbart, und dabei soll es auch bleiben. Ich stehe zu meinem Wort.«

»Sehr gut. Worüber möchten Sie heute sprechen?«

»Ich habe lange über neulich nachgedacht, über unser letztes Gespräch.«

»Und ist Ihnen etwas dazu eingefallen?«

»Ja.«

»Erzählen Sie, bitte.«

»Sie haben gefragt, wann ich gemerkt habe, dass Mary eine Frau ist.«

»Ja, ich erinnere mich.«

»Gut. Wie gesagt, ich kenne sie, seit sie ein Kind war. Und wir haben immer wieder Streit gehabt, weil sie nicht mochte, wie ich sie nannte.«

»Ich glaube, ich verstehe Sie nicht.«

»Ich habe sie immer Mary genannt, und sie hat sich geärgert: ›Ich heiße Mariana‹, hat sie wütend geantwortet, aber ich habe sie trotzdem weiter Mary genannt. Ich bin allerdings der Einzige, der das macht, bis heute. Manchmal scherzen wir jetzt darüber, und sie tut dann so, als würde sie sich ärgern, so wie damals, als Kind.«

»Und warum haben Sie sie so genannt, obwohl sie das nicht mochte?«

»Weil mir ›Mariana‹ nicht gefiel. Ich habe nichts gegen diesen Namen, aber meiner Meinung nach passte er einfach nicht zu ihr. Bei Mary dagegen konnte ich an andere Dinge denken.«

»Woran?«

»An María, zum Beispiel.«

»Also an die Reinheit.«

»Ja, kann sein. Dieser Name gab jedenfalls viel besser ihre Unschuld wieder.«

Schweigen.

»Bitte, sprechen Sie weiter.«

»Vor ungefähr zwei Monaten haben wir uns nach der Messe noch unterhalten, und da habe ich zu ihr gesagt: ›Mary, könntest du mir morgen ein wenig zur Hand gehen?‹ Und sie hat geantwortet: ›Natürlich, Herr Pfarrer. Aber wie lange wollen Sie mich eigentlich noch so nennen? Seien Sie so nett, nennen Sie mich Mariana.‹«

Wieder schwieg er. Ich merkte, dass es ihm schwerfiel, über dieses Thema zu sprechen.

»Und was ist dann passiert?«

»Ich weiß nicht, aber ich war sehr verärgert. Ich hatte ihr diesen Namen einst gegeben, und sie wies ihn zurück. Außerdem hat sie mich dabei seltsam angesehen.«

»Was war denn so seltsam an ihrem Blick?«

»Ich weiß nicht, aber es war nicht der gleiche Blick wie sonst.«

»Vielleicht hat sie diesen Blick schon lange, und sie haben es nur nicht bemerkt. Und nachdem diese Geschichte für Sie ja eine Verbindung zu meiner Frage hat, wann Sie zum ersten

Mal bemerkt haben, dass sie eine Frau ist, scheint mir, dass Sie in diesem Augenblick das Gefühl hatten, Mariana« – ich nannte sie bewusst so – »habe Sie wie eine Frau angesehen. Und darüber haben Sie sich, aus einem mir unbekannten Grund, geärgert.«

»Kann sein.«

»Obwohl ich glaube, dass es in Wirklichkeit nicht vor allem um diesen Ärger ging.«

»Wie meinen Sie das?«

»Ich glaube, durch diesen Ärger ist es Ihnen gelungen, ein anderes Gefühl loszuwerden oder zu überdecken: Angst. Und ich frage mich: Warum haben Sie in dieser Situation solche Angst empfunden?«

Den Rest der Sitzung arbeiteten wir weiter an diesem Thema. Er stellte klar, dass er sich in diesem Augenblick nicht sexuell angesprochen gefühlt hatte, und ergänzte, er glaube nicht, dass Mariana ihn herausfordernd angesehen habe. Sie sei ein großartiger Mensch, respektvoll, gläubig und hilfsbereit. Beide gelangten wir aber zu der Einschätzung, dass die Frage des Verlustes der Unschuld für ihn in einem Zusammenhang mit alldem stehen musste.

Wenn wir Psychologen in einem Behandlungsfall unsicher sind, kommt es oft vor, dass wir einen Kollegen unseres Vertrauens um Supervision bitten. Was mich angeht, so hat es mich seit jeher sehr mitgenommen, wenn ich mit einem Patienten, warum auch immer, nicht zurechtkam. Deshalb thematisiere ich diese Fälle auch regelmäßig bei meiner eigenen Analyse, denn wenn ich bei meiner Arbeit nicht weiterkomme, hat es oft damit zu tun, dass etwas, was bei dem betreffenden Patienten vorliegt, auf irgendeine Weise auch mich selbst betrifft.

Im Fall von Antonio unterhielt ich mich nach jeder unserer Sitzungen anschließend mit meinem eigenen Analytiker.

»Und, was meinen Sie?«, fragte er mich nach dem letzten Treffen mit dem Priester.

»Ich weiß nicht, Gustavo, ich komme einfach nicht drauf.«

»Denken Sie nach, irgendetwas muss es da geben.«

»Was Antonio erzählt, das glaube ich ihm auch. Ich habe nicht den Eindruck, er verbirgt, dass er diese junge Frau insgeheim begehrt. Er hat gesagt, dass ...«

»Das ist genau das Problem«, unterbrach mich Gustavo. Ich sah ihn erwartungsvoll an. »Sie konzentrieren sich darauf, *was* Ihr Patient sagt, und nicht darauf, *wie* er es sagt. Sie lassen sich ganz vom Inhalt seiner Erzählung gefangen nehmen, Gabriel. Aber Sie sind doch Analytiker. Und als solcher dürfen Sie nicht mit dem *Inhalt*, mit der *Bedeutung* der Worte Ihrer Patienten arbeiten, sondern nur mit den Worten an und für sich.« Er machte eine kurze Pause. »Ich möchte, dass Sie jetzt gehen und darüber nachdenken. Als Kollege rate ich Ihnen, die Unterhaltung mit Antonio in der Erinnerung immer wieder durchzugehen und dabei vor allem auf die Worte zu achten, mit denen er seine Geschichte erzählt hat.«

Mein Analytiker hatte recht. Und es war in der Tat so naheliegend und einfach, dass ich selbst überrascht war, dass ich es nicht längst bemerkt hatte. Als mir das klar geworden war, hatte ich sogleich eine grundlegende Frage an meinen Patienten.

Vierte Sitzung

»Antonio, wie hieß Ihre Mutter mit Vornamen?«

»Antonia.« Ich war sprachlos, wollte es nicht glauben. Diese Antwort warf alle meine Annahmen über den Haufen. »Meinen Namen habe ich sozusagen von ihr geerbt. Meine arme Mama, sie ist so jung gestorben. Alles hat sie immer ganz früh gemacht: Sie hat schon mit fünfzehn meinen Vater geheiratet. In unserer Gegend war es damals normal, dass die Leute sehr früh heirateten. In dieser weiten, leeren Landschaft hält man es alleine einfach nicht aus. Und die Liebe ist die beste Medizin gegen die Einsamkeit, glauben Sie mir.«

Er wollte weitersprechen, hielt aber inne. Er war ein aufmerksamer Mensch, der daran gewöhnt war, im Inneren der anderen zu lesen. Er merkte, dass irgendetwas mit mir los war, und sah mich befremdet an.

»Verzeihung, ist etwas, Herr Rolón?«

»Entschuldigen *Sie*, bitte, aber ich bin ein bisschen enttäuscht.«

»Na ja.« Er lächelte. »Antonia ist vielleicht nicht der schönste Name der Welt, aber sind Sie tatsächlich deswegen enttäuscht?«

»Nein, das ist es nicht. Es hat nichts damit zu tun, dass ich diesen Namen schön oder weniger schön finde. Ich hatte nur einen anderen Namen erwartet.«

»Ach ja? Und welchen?«, fragt er geradezu belustigt.

»Ana.«

Antonio erbleichte und sah mich ernst an, als hätte ich

ihn soeben geohrfeigt. Jetzt war ich derjenige, der seinem Gegenüber anmerkte, wie bewegt er war. Wie ein Boxer, der gerade einen wichtigen Treffer gelandet hatte, versuchte ich ihn in die Ecke zu drängen.

»Antonio, wer ist Ana?« Keine Antwort. »Bitte, erzählen Sie mir von ihr.«

»Aber woher wissen Sie von Ana?«

»Sie haben es mir selbst gesagt.«

»Ich? Ich hatte sie völlig vergessen.«

Es war nicht der Augenblick für Erklärungen. Ich durfte auf keinen Fall zulassen, dass seine Erinnerungen und seine Aufregung von meinen theoretischen Auslassungen überdeckt wurden. »Wer ist Ana?«, fragte ich noch einmal.

Er ließ den Kopf an die Sessellehne zurücksinken, sah zur Decke und seufzte tief, bevor er anfing zu sprechen.

»Ich schwöre Ihnen, ich hatte diese Geschichte vollkommen vergessen. Aber jetzt, wo Sie Ihren Namen ausgesprochen haben: Ana war eine Schulkameradin aus der Abiturklasse. Sie war die Tochter eines Kaufmanns aus unserer Stadt. Obwohl sich alle bei uns kannten – das war schon immer so –, waren wir beide jedoch früher nie befreundet gewesen. Ja, bevor wir in die Schule kamen, hatten wir kaum ein Wort miteinander gewechselt.«

»Und was macht sie für Sie dann zu so etwas Besonderem?«

»Das, was am 21. September 1967 passiert ist.«

Dass er sich so genau erinnerte, erstaunte mich. Es musste sich um ein sehr beeindruckendes Ereignis gehandelt haben.

»Was ist damals passiert?«

»Wir wollten den Frühlingsanfang feiern, mit Schulkameraden. Sie wissen schon – heute ist das ganz ähnlich: Gitarren, Lieder, Fußball und lauter Jugendliche, die miteinander flirten. An dem Tag sollte ich jedenfalls bei Roberto übernachten, meinem besten Freund. So gegen sieben war das Picknick zu Ende, und wir gingen zu Roberto – wir, also Alicia, Ana und ich. Denken Sie nicht, wir hätten damals als Jugendliche keine Ahnung gehabt, was Sex ist.«

»Nein, das ist mir klar.«

»Na gut, wir waren jedenfalls allein, denn Robertos Eltern waren nicht zu Hause. Da haben wir mit lauter gefährlichen Spielchen angefangen.« Ich ging nicht auf diesen Ausdruck ein. »Und irgendwann sind Alicia und Roberto dann in ein Zimmer gegangen, und Ana und ich in ein anderes.« Es fiel ihm schwer, darüber zu sprechen. »Wir haben angefangen, uns zu berühren und zu küssen… Oh Gott, für mich ist das jetzt wirklich schwierig…«

»Ich verstehe, Antonio. Das ist kein einfaches Thema.«

»Also jedenfalls… ich konnte nicht.«

»Was konnten Sie nicht?«

»Mit ihr Geschlechtsverkehr haben. Es war ein scheußliches Gefühl. Ana war nackt, bereit, sich mir hinzugeben. Aus dem Nebenzimmer drang das Stöhnen von Roberto und Alicia zu uns. Ich weiß noch, dass das Bett die ganze Zeit knarrte. Ana war voller Erwartung, aber ich konnte nicht.«

Schweigen.

»Für keinen Jugendlichen ist es einfach beim ersten Mal. So etwas kommt öfters vor.«

»Ich weiß. Ich unterhalte mich ja ständig mit jungen Leuten. Aber das war etwas anderes.«

»Warum war das Ihrer Ansicht nach anders?«

Schweigen.

»Wissen Sie, warum ich mich so genau an das Datum erinnere, Herr Rolón?«

»Weil an dem Tag der Frühling anfing, nehme ich an.«

»Nein.«

»Warum dann?«

»Wegen zwei Dingen, die sich am Tag danach ereigneten, also am 22. September 1967.«

»Und zwar?«

»An diesem Tag, genauer um sechs Uhr abends, fasste ich den Entschluss, Priester zu werden.« Mir war klar, wie wichtig das, was er gerade gesagt hatte, für ihn war.

»Und was noch?«

Er biss sich auf die Unterlippe, ballte die Fäuste, und seine Augen wurden feucht.

»Vier Stunden zuvor war meine Mutter gestorben.«

Fünfte Sitzung

»Deshalb sollten Sie also damals bei Roberto übernachten.«

»Genau, meiner Mutter ging es sehr schlecht, und mein Vater wollte nicht, dass ich da bin, wenn es mit ihr zu Ende geht. Zu der Zeit starben die Leute zu Hause.«

»Waren Sie aus demselben Grund bei Roberto alleine?«

»Ja. Robertos Eltern waren bei uns, um meinem Vater beizustehen.«

»Und wie endete diese Geschichte, Antonio?«

»Na ja, Ana zog sich an und ging. Ich nehme an, sie hat sich ziemlich schlecht gefühlt. Ich weiß es nicht, wir haben nie wieder über die Geschichte gesprochen. Ich zog mich auch an und blieb im Bett.«

»Und dann?«

»Alicia ging auch, aber ohne dass ich sie sah. Dann kam Roberto ins Zimmer, und wir unterhielten uns.«

»Hat er Sie danach gefragt?«

»Ja.«

»Und was haben Sie gesagt?«

»Dass ich nicht gekonnt hatte. Er hat gesagt, ich solle mir nichts dabei denken, beim nächsten Mal werde es schon klappen. Als er erzählen wollte, wie es bei ihm gewesen war, habe ich gesagt, das könne er sich sparen, ich hätte alles mit angehört. Da haben wir beide gelacht. Am nächsten Tag bin ich nach Hause gegangen. Meine Mama lag im Sterben. Ich habe gesagt, sie sollen mich bitte zu ihr lassen, und das wurde mir auch erlaubt. Den Rest der Geschichte kennen Sie ja. Ich kann es einfach nicht glauben – ich schwöre Ihnen, ich hatte das Ganze komplett aus meinem Gedächtnis verbannt.«

»Das nennt man auch Verdrängung. Bei diesem Vorgang ...«

»Einen Augenblick, Herr Rolón. Es fällt mir schwer genug, hierher zu kommen. Verlangen Sie bitte nicht, dass ich auch noch Freud'sche Psychologie studiere«, sagte er scherzend.

»Sie haben recht.«

Abschließend unterhielten wir uns weiter über diese Zeit seines Lebens. Für einen tief gläubigen Menschen wie Antonio war der Tod seiner Mutter kein nicht hinnehmbares, alles infragestellendes Ereignis. Für ihn war es schlichtweg etwas, was zum menschlichen Leben dazugehörte. Und er war ganz und gar überzeugt von dem, was er sagte. Am Ende der Unterhaltung war ihm jedoch eine gewisse Unruhe anzumerken, auf einmal wirkte er nervös und bekümmert.

»Woran denken Sie?«

Seine Antwort war »schicksalhaft wie der Pfeil«, wie Borges gesagt hätte:

»Ich habe das Gefühl, am Tod meiner Mutter schuld zu sein.«

In diesem Moment war mir klar, dass wir zwar einen wichtigen Teil seiner Geschichte ans Licht geholt hatten, und doch waren Dinge ungesagt geblieben. Wichtige Dinge. Das spürte ich deutlich, und auch ihm war es offensichtlich bewusst. Es blieben uns jedoch nur noch zwei Sitzungen, die wir demnach bestmöglich nutzen mussten.

Sechste Sitzung

An diesem Tag war Antonio auffallend unruhig. Er sprach viel, sagte aber wenig, was uns weiterbrachte. Die Zeit lief gegen uns. Deshalb fiel ich ihm nach etwa zwanzig Minuten ins Wort.

»Sie kommen mir heute sehr unruhig und nervös vor. Ist etwas?«

»Ja... Das Gefühl, von dem wir letztes Mal sprachen, also dass ich mich am Tod meiner Mutter schuldig fühle, hat mich die ganze Woche über bedrückt.«

»Das kann ich mir vorstellen.«

»Ich begreife einfach nicht, wieso ich ausgerechnet jetzt auf diese Idee komme.«

»Antonio, die Idee, die ein so starkes Schuldgefühl und so viel Kummer und Angst in Ihnen hervorruft, hatten Sie nicht erst jetzt. Sie waren bloß jetzt erst fähig, sie in Worte zu fassen. Damit hat für Sie allerdings auch ein starkes Gefühl eine Bedeutung bekommen, das sie schon seit Jahren begleitet hat, ohne dass Sie es genauer hätten bestimmen können. Erinnern Sie sich noch an die ›große Schuld‹, von der wir gesprochen haben, die man sozusagen auf verschiedene Dinge ›aufteilt‹?«

»Ja. Und das, glauben Sie, ist meine ›große Schuld‹?«

»Nein. Ich glaube, da ist noch etwas anderes.« Wir sahen uns einen Augenblick an. Dann sprach ich weiter: »Sagen Sie, welche Beziehung besteht Ihrer Ansicht nach zwischen dieser Idee und dem, was damals bei Roberto zu Hause geschehen ist?«

»Ich weiß es nicht. Ich könnte jetzt sagen, dass die Tatsache, dass ich versucht habe, mit Ana zu schlafen, während meine Mutter im Sterben lag, einen hinreichenden Grund für dieses Schuldgefühl darstellt, aber irgendwie fände ich das selbst ein wenig an den Haaren herbeigezogen.«

»Warum?«

»Weil das, was Roberto und ich damals gemacht haben, überhaupt nichts Schlimmes war.«

Bei diesem Satz horchte ich auf. Ich wusste nicht sofort, warum, aber dann fiel mir der Rat meines Analytikers wieder ein: ›Achten Sie nicht darauf, *was* er sagt, sondern *wie* er es sagt.‹

Daraufhin ging ich Antonios letzten Satz in Gedanken noch einmal durch.

»Einen Augenblick, bitte, Antonio. Sie haben doch gerade gesagt, das, was Sie und Roberto *damals* gemacht hätten, sei überhaupt nichts Schlimmes gewesen, oder?«

»Ja.«

»Sagen Sie, bei welcher anderen Gelegenheit haben Sie denn dann etwas gemacht, was Sie selbst sehr wohl als ›schlimm‹ empfinden?«

Er sah mich erstaunt an. Als hätte ich ihn überrumpelt. Dann senkte er den Blick, und sein Gesicht ließ erkennen, dass ihn etwas sehr bewegte. Er schüttelte den Kopf, rutschte nervös auf dem Stuhl hin und her. Fast fünf Minuten vergingen, ohne dass einer von uns ein Wort sagte.

»Wissen Sie«, unterbrach er schließlich das Schweigen, »mir ist gerade etwas eingefallen. Ich bin mir allerdings nicht ganz sicher, ob es sich um eine Erinnerung oder nur um ein Gefühl handelt.« In Fällen wie diesem ist es für die Betroffenen in der Tat manchmal schwierig zu entscheiden, ob das, was ihnen durch den Kopf geht, wahr oder bloß eingebildet ist. »Ich sehe jedenfalls einen Nachmittag vor mir, draußen auf dem Land. Roberto und ich spielen zusammen. Wir dürften damals so um die... ich weiß nicht, vielleicht fünf oder sechs Jahre alt gewesen sein. Wir waren mit unseren Schleudern unterwegs, auf Vogeljagd, oder wir zielten damit auf Blechdosen, die wir auf das Gatter stellten. Na ja, also eigentlich das, was wir zu der Zeit ständig gemacht haben. Irgendwann sind wir dann losgelaufen und haben uns in einem Maisfeld versteckt. Und da haben wir dann, wie und warum weiß ich auch nicht, also da haben wir jedenfalls angefangen, uns gegenseitig den Pimmel zu zeigen. Wir haben sie verglichen, und jeder hat den des anderen berührt. Ich erschrak, weil ich das Gefühl hatte, dass wir etwas Schlechtes taten. Und ich habe zu Roberto gesagt, dass wir aufpassen sollten, weil uns jemand entdecken könnte. Aber er hat gesagt, nein, hier könne uns doch keiner sehen. Ich habe mich jedenfalls – ich weiß nicht, wie ich sagen soll – irgendwie seltsam gefühlt.«

»Erregt?«

»In dem Alter?«

»Ja, Antonio, in dem Alter.«

»Aber ich war doch noch ein Kind. Geht das überhaupt?«

»Ja. Wenn Sie möchten, können wir später darüber sprechen, aber jetzt erzählen Sie bitte erst einmal weiter.« Ich musste verhindern, dass die Erinnerung an dieses Erlebnis ihm wieder entglitt.

»Na gut, also irgendwann kamen wir auf die Idee, uns gegenseitig zu penetrieren. Ich machte es als Erster. Ich kann mich an kein besonderes Gefühl dabei erinnern. Dann legte ich mich auf den Bauch – ich spüre bis heute den Geschmack der Erde in meinem Mund – und dann penetrierte er mich.«

Er verstummte.

»Was ist los, Antonio?«

»Was ist? Ich erinnere mich an ein starkes Lustgefühl. Ich wollte nicht, dass er aufhört. Aber ich musste ihn bitten aufzuhören, sonst hätte er ja gedacht, ich bin schwul. Trotzdem wollte ich, dass er weitermachte, ich genoss es geradezu.«

Wieder verstummte er für einen Augenblick.

»Und was war dann?«

»Irgendwann drehte ich den Kopf zur Seite, und da sah ich einen Sonnenstrahl, der sich einen Weg zwischen den Maisstauden hindurch bahnte. Da bekam ich Angst, ich weiß nicht warum, aber ich bekam Angst. Ich stieß Roberto zurück, zog mir die Hosen hoch und rannte davon. Am Rand des Maisfeldes wartete ich auf ihn, und anschließend spielten wir weiter. Bei ihm schien das Ganze keinerlei Spuren hinterlassen zu haben, aber ich fühlte mich innerlich zerrissen und wie ein schlimmer Sünder.«

Ich ließ ihm Zeit, damit er sich beruhigen konnte.

»Und wie fühlen Sie sich jetzt, Antonio?«

»Ich weiß nicht. Es ist schwierig, mich daran zu erinnern. Außerdem kann ich einfach nicht glauben, dass ich eine so starke und deutliche Erinnerung überhaupt nicht mehr gegenwärtig hatte.«

»Die Verdrängung, wissen Sie noch? Aber keine Sorge, ich werde mich jetzt nicht darüber auslassen.« Er lächelte. »Ich glaube, für heute ist es genug. Machen wir beim nächsten Mal weiter.«

»Das ist das letzte Mal.«

»Kann sein.«

Siebte Sitzung

Er setzte sich mir gegenüber in den Sessel und sah mich an. Er wirkte ruhig und gefasst, ganz anders als der nervöse und bekümmerte Mann, als der er bei den anderen Sitzungen erschienen war.

»Gabriel, ich möchte Ihnen sagen, dass ich beschlossen habe, die Behandlung nicht fortzusetzen.« Ich erwiderte nichts. »Aber ich würde mich freuen, wenn wir in dieser letzten Sitzung noch einmal zusammen über all das nachdenken könnten, woran wir gearbeitet haben. Und zuletzt würde ich Sie gerne um etwas bitten, einverstanden?«

»Aber natürlich.«

»Dann erklären Sie mir jetzt bitte zuerst einmal, wie Sie auf die Existenz von Ana gekommen sind.«

»Ich bin nicht darauf gekommen – Sie haben mich darauf gebracht.«

»Wann?«

»Sie haben doch erzählt, dass Sie Ihre Mitarbeiterin, Ihre Katechistin, nicht bei ihrem richtigen Namen nennen wollten. Und was haben Sie daraufhin gemacht? Sie haben ihren Namen Mariana aufgeteilt, in ›Mari‹ und ›Ana‹. Mary verbanden Sie seither mit Zärtlichkeit und Reinheit, und Ana offensichtlich mit etwas Beängstigendem und Gefährlichem. Wie Sie sehen, haben Sie mir damit selbst gesagt, dass ich in dieser Richtung suchen soll, dass ›Ana‹ für Sie also mit etwas Unreinem und Sündigem verbunden ist. Deshalb habe ich Sie dann auch gefragt, wer diese Ana war.«

»Dann hatte ich aber auch recht: Zwischen Mariana und mir bestand keine sexuelle Anziehung.«

»Ja, da hatten Sie recht. Trotzdem hat Sie dieses Thema unbewusst auf eine Situation verwiesen, bei der sehr wohl eine sexuelle Anziehung bestand. Auch wenn es dabei eigentlich nicht um Ana selbst ging, sie war vielmehr bloß eine Art Wegweiser.«

»Wie meinen Sie das?«

»Dass Ihr Schuldgefühl sich nicht darauf bezog, dass es Ihnen nicht gelungen war, mit ihr zu schlafen. Sagen Sie, haben Sie sich nach unserem Gespräch nicht gefragt, warum Sie damals keinen Sex mit Ana haben konnten?«

»Doch.«

»Und?«

»Mir ist kein Grund dafür eingefallen.«

»Sehen wir uns die Situation noch eimal an, bitte. Sie sind zum ersten Mal mit einer Frau nackt in einem Zimmer. Sie sind sechzehn Jahre alt. Bestimmt haben Sie in diesem Augenblick große Angst, aber Sie sind sicherlich auch sehr erregt. Schließlich sind das lauter neue Reize für Sie, die Berührung Ihrer Haut mit der von Ana, der Anblick ihres nackten Körpers, ihr Geruch, der Geschmack ihrer Küsse. Wissen Sie jedoch, was mir aufgefallen ist?«

»Nein.«

»Dass Sie bei Ihrer Beschreibung eines so wichtigen Erlebnisses keine einzige Sinneswahrnehmung erwähnt haben. Bis auf eine.«

»Welche?«

»Ihr Gehör. Wissen Sie noch, was Sie mir dazu erzählt haben?«

»Nein.«

»Sie hätten das Stöhnen von Roberto und Alicia gehört. Da habe ich mich später gefragt, was daran wohl einen so starken Eindruck auf Sie gemacht hat, dass es Sie daran hinderte, mit Ana zu schlafen.«

»Und?«

»Die Antwort kam wiederum von Ihnen.«

»Wie das?«

»Indem Sie sagten, das, was Sie und Roberto ›damals‹ gemacht hätten, sei ›überhaupt nichts Schlimmes‹ gewesen, haben Sie für mich bestätigt, dass das, was Sie bei dieser Gelegenheit so sehr belastete, dass Sie unfähig waren, mit Ana zu schlafen, das Stöhnen von Roberto war, das Sie durch die Zimmerwand hörten. Alicias Stöhnen spielte für Sie kaum eine Rolle, das von Roberto dagegen schon, weil es Sie auf ein weit zurückliegendes, traumatisches Erlebnis verwies. Auf etwas, was mit einem homosexuellen Begehren zu tun hatte, welches Ihnen letztlich das Gefühl gab, so unrein und sündig zu sein, dass der Tod Ihrer Mutter die verdiente Strafe dafür war. Als Sie also an diesem Tag ›das Stöhnen von Roberto‹ hörten, tauchte jene Kindheitserinnerung, so sehr Sie sie auch bis dahin unterdrückt hatten, ganz offensichtlich wieder auf, und zusammen damit ein homosexuelles Begehren, das heißt, etwas, was Sie keinesfalls akzeptieren konnten, etwas Schreckliches, für das Sie bestraft werden mussten. Und an dem Tag, nachdem Sie sich ein derart ›sündhaftes‹ Begehren hatten zuschulden kommen lassen, starb tatsächlich Ihre Mutter – was genau die Strafe war, die Sie in Ihren Augen verdienten. Daher Ihr Gefühl, den Tod Ihrer Mutter verursacht zu haben.«

»Alles wegen eines Kinderspiels.«

»Ja. Aber für Sie war das kein bloßes Kinderspiel. Es war eine traumatische, aber mit Lust besetzte kindliche sexuelle Erfahrung. Und solche Erfahrungen hinterlassen für gewöhnlich tiefgehende Schuldgefühle, die uns das ganze Leben hindurch begleiten und unseren Handlungen insgeheim ihren Stempel aufdrücken. Auch wenn wir es nicht wahrhaben wollen, Antonio, die Sexualität ist von Geburt an unsere Begleiterin. Ja, gerade im scheinbar unschuldigen Kindesalter drängt sie sich am stärksten auf und belastet uns am meisten. Denn wir sind zu diesem Zeitpunkt seelisch noch überhaupt nicht darauf vorbereitet, mit der damit verbundenen heftigen Erregung zurechtzukommen. Das kommt erst im Erwachsenenalter. Trotzdem fangen wir schon sehr früh an, durch Spiele, wie das, das Sie und Roberto damals gespielt haben, unsere Sexualität zu entwickeln.«

»Aber wenn das allen so geht, warum hatte es dann bei mir diese Wirkung?«

»Das habe ich mich auch gefragt. Und dabei ist mir ein Detail Ihrer Erzählung aufgefallen, das wiederum mit der Sinneswahrnehmung zu tun hat. Diesmal allerdings mit dem Sehen.«

»Und zwar?«

»Der Sonnenstrahl, der sich seinen Weg zwischen den Maisstauden hindurch gebahnt hat.«

»Ich verstehe nicht.«

»Überlegen Sie, Antonio. Wie sagte Ihre Mutter immer?«
Tiefes Schweigen.
»›Gott sieht alles‹«.
»Genau. Und ich glaube, dieser Sonnenstrahl verkörperte für Sie Gottes Auge, das alles sieht.«
Schweigen.
»Wissen Sie, was ich glaube?«
»Was denn?«
»Dass ich verhindern wollte, dass Mariana erwachsen wird, damit sie ihre Unschuld nicht verliert. Obwohl ich in Wirklichkeit Angst vor dem Verlust meiner eigenen Unschuld hatte.«
»Das kann sein. Das führt uns jedoch zu einem anderen Thema. Und damit würde ich jetzt lieber nicht beginnen, es sei denn, ich begleite Sie auch bei der weiteren Arbeit daran. Ich hoffe jedenfalls, was wir bis hierher geleistet haben, war hilfreich für Sie. Für mich, glauben Sie mir, war es in jedem Fall sehr angenehm, mit Ihnen zu arbeiten.«
»Allerdings war unsere Arbeit hilfreich für mich!« Wir sahen uns eine Weile an. »Gabriel, als ich das erste Mal bei Ihnen war, haben Sie mich gefragt, warum ich nicht mit meinem Beichtvater spreche, statt zu Ihnen zu kommen. Wissen Sie noch?«
»Ja.«
»Ich glaube, da ich all diese Dinge aus meinem Gedächtnis getilgt hatte, hätte ich gar nicht gewusst, was ich beichten sollte. Jetzt weiß ich es. Und deshalb habe ich auch beschlossen, die Arbeit mit Ihnen nicht fortzusetzen. Ich bin weiterhin von meinem Glauben überzeugt und werde von

nun an das, was meine Seele bewegt, mit den Werkzeugen meiner Religion zu lösen versuchen.«

Ich wollte aufstehen, um ihn hinauszubegleiten, doch er hielt mich zurück.

»Bevor ich gehe, würde ich Ihnen gerne noch zwei Fragen stellen.«

»Bitte schön, fragen Sie.«

»Glauben Sie, mein Entschluss, Priester zu werden, war ein Versuch, der Sexualität zu entkommen?«

»Kann sein, ich weiß es nicht. Unsere Entschlüsse sind aber immer durch irgendetwas bedingt. Und dass Sie Ihren Beruf lieben, scheint mir völlig klar. Darum sollten Sie ihn auch ohne jedes Schuldgefühl ausüben.«

»Und die letzte und schwierigste Frage.« Kurzes Schweigen. »Bin ich homosexuell?«

Ich schwieg ebenfalls für einen Augenblick. Etwas, was Antonio bei unserer zweiten Sitzung gesagt hatte, fiel mir wieder ein: ›Ich habe noch nie ein Auge auf eine Frau geworfen, die in meiner Gemeinde erschienen ist, ganz egal, ob sie jung oder alt war, niemals.‹ Trotzdem kannte ich die Antwort auf seine Frage nicht. Und das war auch nicht der Moment, um darüber nachzudenken. Allerdings hatte er sich aus eigenem Entschluss so weit vorgewagt, und das musste ich respektieren.

»Nicht unbedingt«, sagte ich schließlich. »Bis zur Antwort auf diese Frage sind wir allerdings noch nicht gelangt. Wie auch immer, was die Wahrheit in diesem Punkt betrifft, so gehört sie weiterhin Ihnen. Vergessen Sie nicht: Wenn Sie nach der Antwort hierauf suchen, so liegt sie in Ihnen, nicht in mir. Alles, was ich sagen kann, ist, dass Sie ein Mann sind, und zwar in jeder Hinsicht – jemand, der sich großmütig für andere opfert und am Schmerz seiner Mitmenschen Anteil nimmt. Sie sind eine großartige Persönlichkeit, Pater Antonio, und ein vorbildlicher Priester.«

Er lächelte. Wir standen beide auf, sahen uns an und reichten uns die Hand.

»Vielen Dank für alles, was Sie für mich getan haben, Gabriel. Lassen Sie mich Ihnen aber eins sagen: Auch ich kenne mich mit den Sorgen und dem Kummer der menschlichen Seele aus.« Er sah mich verständnisvoll an. »Und ich habe den Eindruck, in Ihnen ist ein tiefer Schmerz und eine große Einsamkeit. Und ich spüre, dass es nicht wahr ist, dass Sie nicht an Gott glauben. Ich glaube, Sie sind böse auf ihn, weil Sie ihm manche Dinge nicht verzeihen können. Und glauben Sie mir: Ich verstehe Sie. Manchmal ist es für uns nicht leicht, den Grund für seine Beschlüsse zu begreifen. Und jetzt kommt meine Bitte.«

»Sprechen Sie weiter.«

»Sie haben mir gezeigt, dass man sich, so sehr man auch seinen festen Glauben hat, manchmal öffnen muss, um die Hilfe anderer anzunehmen. Versprechen Sie mir deshalb, dass Sie sich an mich wenden, falls Ihnen die Psychoanalyse eines Tages nicht mehr genügen sollte und Sie das Bedürfnis nach etwas anderem verspüren.« Ich lächlte und nickte. »Ich würde mich sehr freuen, Ihnen dann helfen zu können.«

Ich sagte nichts, sah meine Vermutung aber bestätigt: Pater Antonio war ein großartiger Priester, und wenn jemand über die menschliche Seele Bescheid wusste, dann er.

Danksagung

Dank an Fernando Rabih, Susana Espíndola, Natalia Cabello, María Eugenia Massa und Roberto Sosa, weil sie diese Texte mit so viel Großmut gelesen und mir ihre überaus hilfreichen Meinungen dazu mitgeteilt haben.

An Dr. Darío Mindlin, weil er mich unermüdlich aufforderte, die Arbeit an dem vorliegenden Werk fortzusetzen.

An Mariano und Nacho von Editorial Planeta, weil sie mir und meinem Buch so viel Liebe und Hochachtung entgegengebracht haben.

Und ganz besonders an Teresa, die mich während der ganzen Zeit mit ihren so fundamental wichtigen Anregungen und Ideen unterstützt hat, wie auch an den Dichter Horacio Castillo (1934–2010), der Mitglied der argentinischen und spanischen Akademie war und alle meine Entwürfe sehr sorgfältig gelesen und mir dabei geholfen hat, einen klaren und verständlichen Text daraus zu machen.

Dank außerdem an meine Patienten oder, wie im Fall von Majo, an deren Angehörige, die so großzügig waren, mir ihre Geschichten als Material für die einzelnen Fallgeschichten zu überlassen.

Ganz besonders widme ich dieses Buch meinen Kindern Lucas und Malena, wie auch Tere, denn die Zeit, während der dieses Buch geschrieben wurde, hätte eigentlich ihnen gehört.

Inhalt

Vorwort 5

Verlustangst – Lauras Geschichte 13

Zwischen Liebe und Begehren –
Marianos Geschichte 41

Eine Frau trauert – Amalias Geschichte 73

Der Pakt des Schweigens – Cecilias Geschichte 99

Der Schmerz des Analytikers – Majos Geschichte 127

Die Eifersucht und ihre Masken –
Daríos Geschichte 159

Mit dem Körper bezahlen – Natalias Geschichte 191

Die Augen Gottes – Antonios Geschichte 215

Danksagung 253

Die Originalausgabe erschien 2007 unter dem Titel
»Historias de diván« bei Editorial Planeta, Buenos Aires.

Dieses Werk wurde im Rahmen des »Sur«-Programms
zur Förderung von Übersetzungen des Außenministeriums
der Republik Argentinien verlegt.
Obra editada en el marco del Programa »Sur« de Apoyo
a las Traducciones del Ministerio de Relaciones Exteriores
y Culto de la República Argentina.

MIX
Papier aus verantwor-
tungsvollen Quellen
FSC
www.fsc.org   FSC® C014889

Verlagsgruppe Random House FSC® N001967
Das für dieses Buch verwendete
FSC®-zertifizierte Papier *EOS*
liefert Salzer Papier, St. Pölten, Austria.

1. Auflage
Copyright © 2007 by Gabriel Rolón
Copyright © der deutschsprachigen Ausgabe 2013 by btb Verlag
in der Verlagsgruppe Random House GmbH, München
Satz: Uhl + Massopust, Aalen
Druck und Einband: Friedrich Pustet KG, Regensburg
Printed in Germany
ISBN 978-3-442-75389-5

www.btb-verlag.de